PSYCHOTHÉRAPIE
DE DIEU

BORIS CYRULNIK

PSYCHOTHÉRAPIE DE DIEU

Odile Jacob

© Odile Jacob, septembre 2017
15, rue Soufflot, 75005 Paris

www.odilejacob.fr

ISBN : 978-2-7381-3887-3

Le Code de la propriété intellectuelle n'autorisant, aux termes de l'article L. 122-5, 2° et 3°a, d'une part, que les « copies ou reproductions strictement réservées à l'usage privé du copiste et non destinées à une utilisation collective » et, d'autre part, que les analyses et les courtes citations dans un but d'exemple et d'illustration, « toute représentation ou reproduction intégrale ou partielle faite sans le consentement de l'auteur ou de ses ayants droit ou ayants cause est illicite » (art. L. 122-4). Cette représentation ou reproduction, par quelque procédé que ce soit, constituerait donc une contrefaçon sanctionnée par les articles L. 335-2 et suivants du Code de la propriété intellectuelle.

AVANT-PROPOS

DIEU PSYCHOTHÉRAPEUTE
OU
L'ATTACHEMENT À DIEU

Six petits vieux âgés de 12 ans avaient été des enfants-soldats. Ils avaient vu la mort, l'avaient côtoyée et peut-être même donnée. Ces enfants avaient vieilli d'un seul coup. En quelques mois, les rides du souci avaient barré leur front. Leurs yeux ne riaient plus et leurs mâchoires serrées durcissaient leur visage. Un petit vieux souriant, avec des fossettes dans les joues, m'a dit que la guerre du Congo était terminée et qu'il voulait maintenant devenir footballeur ou chauffeur d'une de ces magnifiques voitures que possédaient les ONG de Goma. Il ressemblait à mon petit-fils, sauf qu'il avait la peau noire. Un autre petit vieux m'a demandé de lui expliquer pourquoi il ne se sentait bien qu'à l'église. « Je vois sans cesse des images qui font peur. Mais, dès que j'entre dans une église, je vois de belles choses. » Les petits vieux tristes approuvaient, ce qui amusait beaucoup le footballeur-chauffeur[1].

J'ai été incapable de répondre, j'ai vu la déception de ces enfants meurtris, je les ai abandonnés dans leurs souffrances, je n'ai pas su leur expliquer pourquoi le fait d'entrer dans une église pouvait soigner un traumatisme, apaiser une angoisse et effacer les images de l'horreur.

À l'âge de 14 ans, Elie Wiesel fut plongé dans un enfer où le réel était devenu fou : Auschwitz ! Revenant de l'empire des morts, il lui fut impossible de parler, alors qu'une force intime le contraignait à témoigner. Autour de lui, il entendait : « Quel est ce Dieu qui a pu laisser faire[2] ? » Certains de ses proches avaient perdu la foi : « Si Dieu existait, il n'aurait pas permis. » L'adolescent survivait avec une déchirure intime, car sa foi persistait, transpercée par une question lancinante : « Pourquoi a-t-Il permis ? » C'est ainsi qu'il a compris que Dieu était souffrant puisque le mal existait : « Dieu est à la peine après Auschwitz, j'ai tant besoin de Lui. »

Peut-on ignorer qu'aujourd'hui 7 milliards d'êtres humains s'adressent à Lui tous les jours, ressentent sa proximité affective, craignent son jugement et prennent rendez-vous dans de magnifiques lieux de prières qu'on appelle églises, mosquées, synagogues et temples divers ?

Pourrait-on ne pas chercher à comprendre pourquoi ce besoin fondamental dérive si souvent vers un langage totalitaire qui pétrifie les âmes et, au nom de

---
1. Cyrulnik B., mission Unicef, Congo RDC, septembre 2010.
2. Jonas H., *Le Concept de Dieu après Auschwitz*, Paris, Rivages, 1994.

l'amour du proche, se transforme parfois en haine de l'Autre ?

J'ai dû faire une enquête pour répondre à ces enfants et leur dire que ce livre voudrait bien éclairer ce qui, dans l'âme humaine, tisse l'attachement à Dieu.

CHAPITRE 1

DE L'ANGOISSE À L'EXTASE,
DIVINE CONSOLATION

Trois cent mille enfants souffrent d'avoir été soldats et posent les mêmes questions : « Pourquoi ai-je été entraîné dans un tel cauchemar ? Pourquoi suis-je tellement malheureux ? Pourquoi Dieu ne nous vient-il pas en aide ? »

Le phénomène des enfants-soldats a toujours existé, mais depuis l'an 2000, on juge que c'est un crime de guerre[1]. Pendant des millénaires, quand la guerre était le plus habituel moyen de socialisation, on armait les garçons, on utilisait les filles et les adultes soupiraient : « La guerre est cruelle. » Les cadets napoléoniens âgés de 14 à 16 ans ont été les derniers soldats de l'Empereur. La guerre de Sécession aux États-Unis (1861-1865) a consommé un très grand nombre de petits garçons. Les gamins de Paris, lors de la Commune (1871), ont été héroïsés, donc sacrifiés.

---
1. Convention internationale des droits de l'enfant, 2 septembre 1990.

Les nazis ont envoyé au massacre ultime (1945) des milliers d'enfants fanatisés par l'école. Au Népal, au Proche-Orient, au Nicaragua, en Colombie, des centaines de milliers d'enfants ont été sacrifiés pour défendre une cause aussitôt oubliée.

Certains enfants-soldats, arrachés à leur famille et à leur village, ont été soumis à des éducateurs terrorisants. Parfois ils ont trouvé dans ces groupes armés une relation d'attachement qui les a sécurisés ou même ont ressenti la fanatisation comme une exaltante aventure. Quelques-uns ont éprouvé la fièvre du don de soi, au point de désirer mourir pour la cause qu'on leur avait inculquée. La plupart ont dégrisé à l'approche de la mort où ils ont retrouvé la mémoire de leur petite enfance, quand maman constituait la première base de sécurité et quand le père cadrait par son autorité le développement du petit. La terreur réactivait le besoin d'attachement : « Tandis que nous étions à terre et que les obus sifflaient autour de nous, mes pensées se portaient à mon foyer, à ma maison, à tous ceux que j'avais quittés [...], je m'en voulais [...], j'avais été stupide de quitter ma famille. [...] Mon Dieu que j'aurais aimé que mon père vienne me chercher[2]. »

Quand l'utopie s'effondre et quand le réel nous terrorise, nous serions donc capables de réactiver la mémoire d'un moment heureux où nous étions protégés par une famille aimante.

---

2. « Journal du jeune Elisha Stockwell, le lendemain de la bataille de Shiloh (Guerre de Sécession 1861-1865) », in Pignot M. (dir.), *L'Enfant-soldat, XIXᵉ-XXIᵉ siècle. Une approche critique*, Paris, Armand Colin, « Le fait guerrier », 2012, p. 47.

Ces enfants enrôlés dans la guerre de Sécession, dans la Commune de Paris, le nazisme ou le djihadisme sont euphorisés par le projet grandiose proposé par les adultes. Mais dès que le réel les cogne, la plupart de ces petits soldats réactivent le souvenir des moments heureux où ils étaient protégés dans les bras de leur mère, sous l'autorité de leur père. Faut-il une frayeur, faut-il une perte pour que l'attachement prenne un effet sécurisant ? Dans un contexte routinier, quand l'attachement est toujours là, il prend un effet engourdissant. Mais quand un événement provoque une alarme ou un sentiment de perte, le dispositif affectif réactive le souvenir des attachements heureux[3].

Cela explique pourquoi un enfant qui n'a jamais été aimé ne peut réactiver la mémoire d'un bonheur qu'il n'a jamais connu. Toute frayeur ou toute perte réveille dans sa mémoire la solitude ou l'abandon. Il ne peut pas retrouver le Paradis perdu puisqu'il n'a jamais été au Paradis. Dans sa mémoire, il n'y a que l'angoisse du vide dans un monde où tout est terrifiant.

Un enfant qui a connu les bras sécurisants d'une mère affectueuse a appris à supporter son départ quand, inévitablement, elle doit s'absenter. Il lui suffit de combler ce vide momentané par un dessin qui la représente ou par un chiffon, un nounours qui l'évoque. Le manque de mère est à la source de sa créativité, à condition que, dans sa mémoire, il y ait une trace

---

3. Kobach R., « The emotional dynamics of disruptions in attachment relationships », *in* J. Cassidy, P. R. Shaver (dir.), *Handbook of Attachment. Theory, Research, and Clinical Applications*, New York, The Guilford Press, 1999, p. 29.

de mère sécurisante. Tout n'est donc pas perdu quand un enfant a été précocement abandonné. Malgré les troubles majeurs ainsi provoqués, il suffit qu'il ait bénéficié d'un substitut affectif pour qu'il puisse réactiver le souvenir d'un moment heureux. C'est pourquoi les enfants abîmés par la guerre reproduisent rarement la violence, à condition d'avoir été auparavant sécurisés : « Presque toujours, ils deviennent pacifistes ou militants de la paix[4]. »

L'éducation consiste à imprégner dans la mémoire de nos enfants quelques moments heureux, puis à les mettre à l'épreuve en les séparant momentanément de leur base de sécurité. Quand surviendra l'inévitable moment difficile de toute existence, l'enfant aura acquis un facteur de protection : « Je suis armé pour la vie, disent-ils, je suis aimable puisque j'ai été aimé, il me suffit de chercher une main tendue. » L'aptitude à la créativité qui suit une perte serait-elle due à cette force venue du fond de nous-mêmes où elle a été imprégnée par une figure d'attachement ? « Je sais qu'il y a une force au-dessus de moi, je sais qu'elle me protège. » Est-ce la raison pour laquelle le sentiment de Dieu est régulièrement associé à l'amour et à la protection ? Cette puissance surnaturelle qui veille sur nous et nous punit fonctionnerait-elle comme une image parentale ?

J'ai pris l'exemple des enfants-soldats du Congo qui, dans l'instant même de leur enrôlement, sont traumatisés, j'aurais pu parler d'autres enfants-soldats escroqués

---

4. Ameur F., « Les enfants-combattants de la guerre de Sécession », *in* M. Pignot (dir.), *L'Enfant-soldat, XIXe-XXIe siècle, op. cit.*, p. 48-49.

par des fabricants d'utopies criminelles comme les Jeunesses hitlériennes ou la croisade des enfants (1212) qui sont partis à pied à Jérusalem pour récupérer le tombeau du Christ. En fait, il s'agissait d'un troupeau de pauvres gens qui ont donné naissance à un formidable mythe. Actuellement, les djihadistes utilisent les enfants pour en faire des bombes. Les survivants, très altérés, se réfugient dans une mosquée ou dans un lieu de prière pour s'apaiser et tenter de se remettre à vivre. D'autres n'y parviennent pas et demeurent déchirés à vie. Quelques-uns pourtant évitent le trauma dès qu'on leur tend la main.

Leur évolution dans des directions différentes dépend de la conjugaison entre une empreinte affective intime qui s'harmonise avec une structure sociale ou spirituelle, une famille d'accueil, une mosquée, une église ou un patronage laïque. Cette transaction entre une mémoire inscrite dans leur cerveau et une institution structurant leur alentour les aide à reprendre un nouveau développement après une agonie psychique. C'est ainsi qu'on définit la résilience.

La grave déchirure de ces enfants blessés active un attachement à Dieu : « Je ne me sens bien qu'à l'église », me disait le petit Congolais au visage tragique. « J'adore aller à la mosquée et sentir le côte à côte, lors des prières », m'expliquait un jeune Palestinien. « Les Jeunesses hitlériennes m'ont rendue heureuse », me confiait une blonde aux yeux bleus. « J'étais très malheureux chez moi où mes parents se battaient tous les jours, dès que j'ai été admis chez les pionniers, j'ai vécu dans l'extase de construire le communisme », me racontait un jeune Roumain qui avait passé son enfance dans un palais du roi Michel transformé en centre de formation près de Constantza, à l'époque de Gheorghiu-Dej.

Ces témoignages me posent quelques problèmes :
• Quand on est malheureux, une seule rencontre peut tout changer, à condition que notre structure mentale soit assez souple pour évoluer. Elle ne doit pas être figée par une répétition névrotique où le sujet reproduit sans cesse la même relation.
• Encore faut-il que notre milieu dispose autour de nous quelques possibilités de rencontre avec des personnes et des institutions.
• Ces rencontres nous métamorphosent parce qu'elles nous proposent une transcendance qui peut être sacrée, laïque, ou profane comme le communisme.

On peut alors passer de l'angoisse à l'extase[5]. Le sentiment de Dieu serait-il induit par une lutte victorieuse contre l'angoisse ? On souffre, on se crispe, on tend toute notre force pour s'opposer au malheur de vivre et soudain, comme un élastique qu'on lâche, on bascule dans l'opposé, on éprouve une extase. Je cite souvent l'exemple de ce pasteur protestant engagé dans la Résistance pendant la Seconde Guerre mondiale. Il prend le train pour se rendre dans une ville voisine, lorsque le convoi s'arrête en pleine campagne. L'armée allemande encercle les wagons. Des soldats montent à chaque extrémité. Le pasteur éprouve une violente angoisse parce qu'il sait qu'il a mis dans sa valise le

---

5. Janet P., *De l'angoisse à l'extase*, Paris, Société Pierre-Janet et CNRS, 1975.

carnet qui contient les adresses des résistants de son réseau. Il entend le bruit des portières et les ordres des soldats qui se rapprochent. Il va être capturé, torturé et ses amis mourront à cause de lui. L'angoisse lui tord l'estomac, et lorsque la portière de son compartiment s'ouvre, il éprouve soudain un renversement d'humeur, et c'est en pleine extase qu'il est arrêté.

Cette bascule émotionnelle n'est pas toujours provoquée par une lutte contre l'angoisse. Je me souviens de cette adolescente qui déambulait dans sa chambre en essayant de préparer son bac. Accablée d'ennui, elle s'allonge sur son lit pour se détendre un peu et ressent soudain une agréable sensation dans son ventre. Cette émotion enfle jusqu'au moment où la jeune femme est étonnée de penser : « Dieu existe ! » Dans sa famille, personne n'avait ce genre de préoccupation, on n'allait pas à la messe et la religion n'était jamais évoquée. Les parents ont accepté l'affirmation de l'adolescente qui, métamorphosée, a éprouvé le plaisir de travailler, de sortir et de fréquenter la paroisse où l'on réfléchissait au monde métaphysique.

J'ai reçu chez moi un prêtre qui, curieusement, à la demande de sa hiérarchie, était venu me demander un certificat attestant qu'il n'était pas pédophile. Son visage avait la fraîcheur des croyants : yeux écarquillés, sourire ravi à l'opposé du visage des anxieux. Cet homme, très utile dans des orphelinats indiens et africains, m'expliquait qu'il n'avait jamais éprouvé d'angoisse et que, au contraire, il éprouvait une telle extase de vivre qu'il était heureux de la partager.

Dans tous ces cas, l'élan psycho-affectif donne au sujet l'impression d'accéder à une dimension supérieure. Le monde réel, celui de la matière, est peu de chose comparé à la découverte soudaine d'une force surnaturelle. Aucun mot ne peut désigner cette élation. Alors on dit « Dieu », « Allah », « Y » ou « … ». Souvent on ne dit rien parce que nos mots sont conçus pour indiquer quelques segments de réel ou pour donner forme à une idée. Mais quel mot pourrait donner une forme verbale à un indicible intensément ressenti ?

« Madeleine […] trouve dans les représentations qu'elle se donne de son union avec Dieu une joie intense, extraordinaire. » Elle dit : « Mes jouissances ont commencé dans ma jeunesse […] à l'âge de 11 ans […] délices inexprimables, voluptés que je n'ai pas la force de supporter[6]. »

Éric-Emmanuel Schmitt, au cours d'une randonnée, se perd dans le Hoggar. Seul, sans repères et sans vivres, sans eau dans la nuit glacée, il va mourir. Pourtant, il sent se lever en lui une force brûlante, un bonheur extatique. « Pourquoi ne pas le nommer Dieu[7] ? » Sa réaction émotionnelle serait-elle proche de celle du pasteur protestant chez qui l'arrestation et l'imminence de la mort avaient provoqué une extase ?

Jean-Claude Guillebaud redécouvre sa chrétienté de manière paisible. Ce grand reporter, chargé de témoigner des tragédies humaines, est fatigué par les souffrances qu'il côtoie. « Ils avaient toutes les raisons

---

6. *Ibid.*, p. 88-89.
7. Schmitt É.-E., *La Nuit de feu*, Paris, Albin Michel, 2015.

de désespérer, dit-il, et pourtant j'ai pris auprès d'eux des leçons d'espérance[8]. » C'est le plus sereinement du monde qu'il revient à la chrétienté et trouve une attitude constructive. Sa réaction émotionnelle serait-elle proche de l'adolescente apaisée qui découvre Dieu en faisant la sieste ?

---

8. Guillebaud J.-C., *Comment je suis redevenu chrétien*, Paris, Albin Michel, 2007.

CHAPITRE 2

BIOLOGIE DE L'ÂME

L'extase peut être déclenchée par une substance chimique autant que par une représentation mentale. La cortisone provoque parfois une douce euphorie où toutes les perceptions sont affûtées. Le ciel est plus bleu, la brise plus odorante, le cri aigu des mouettes est un chant agréable, un grand bien-être physique émerveille le monde. Rien n'a changé dans l'histoire ou le contexte de la personne, mais sa manière de percevoir le monde sous l'effet de la substance lui donne une coloration affective délectable.

Ce pouvoir où la chimie fait ressentir des jouissances inattendues est utilisé par les consommateurs de paradis artificiels ou par les prêtres mexicains. Le peyotl, plante hallucinogène, modifie la sensation de son propre corps et donne l'impression d'accéder à la conscience d'un autre monde. Les prêtres aztèques s'en servaient lors des sacrifices humains pour se rapprocher de la vérité : « Le sacrifié mis à mort monte au ciel et voit son Dieu face à face[1]. »

---

1. Graulich M., *Le Sacrifice humain chez les Aztèques*, Paris, Fayard, 2005.

Assez curieusement, cette modification de la perception du monde est expliquée par la découverte d'un autre monde, métaphysique. De nombreuses substances provoquent des modifications de la conscience. Les amphétamines déclenchent une sensation d'accélération de la pensée, une concentration psychique si intense que, paradoxalement, le corps s'immobilise. C'est pour cette raison qu'on en donne parfois aux enfants agités qui, soudain, ne bougent plus et améliorent leurs résultats scolaires. De nombreux écrivains comme Jean-Paul Sartre et Marguerite Duras prenaient tellement de cachets de corydrane (qui était en vente libre jusqu'aux années 1970) qu'ils se sont flanqué des épisodes paranoïaques où la perception du moindre indice prenait, pour eux, une signification démesurée : « Pourquoi me regardez-vous comme ça ?... Pourquoi as-tu soupiré quand j'ai tendu la main vers la coupe de fruits ? » Je me souviens de ce patient qui surinterprétait la moindre banalité : « Quand les gens se taisent, c'est la preuve qu'ils parlaient de moi. »

Une substance peut donc provoquer l'impression de découvrir un autre monde, au-delà des perceptions. La forme verbale qu'on donne à cette sensation dépend de notre développement et de notre contexte culturel. L'idée de Dieu déclenchée par la chimie a convenu aux Aztèques et à de nombreux explorateurs de l'inconscient qui n'ont pas hésité à absorber de la mescaline, du LSD ou autres champignons hallucinogènes pour rationaliser ce vécu extraordinaire.

Il se trouve qu'on peut obtenir les mêmes effets sans prendre de substances. Quelques joueurs deviennent dépendants des machines à sous, certains adolescents ne parviennent pas à éteindre leur ordinateur. La passion, en s'emparant de leur âme, emprisonne les amoureux. Ce constat revient à dire qu'une représentation imperçue, abstraite, immatérielle peut modifier les métabolismes au point de provoquer la sensation d'avoir découvert un monde métaphysique : « Madeleine [...] trouve dans les représentations qu'elle se donne de son union avec Dieu une joie intense. » « Mon corps est dans le monde, mon âme est ailleurs[2] », dit-elle, en pleine extase. On retrouve dans l'élation de la foi ce sentiment d'autoscopie où l'on se voit soi-même au-dessus de son corps. Un tel événement émotionnel est proche de l'expérience près de la mort, où l'esprit sort du corps et s'élève vers le ciel.

Ces témoignages étaient rares à l'époque où l'on n'osait pas révéler ce qu'on avait vécu par crainte de paraître fou. L'anesthésie a fait tellement de progrès que les médecins parviennent aujourd'hui à rattraper des comateux à un cheveu de la mort. Quand le survivant analyse cette expérience, son témoignage renforce l'idée de la séparation de l'âme et du corps[3].

C'est l'association de neurologues avec des psychanalystes qui a pu explorer ce phénomène où l'on ne perçoit plus son corps, anesthésié par des drogues ou sidéré par un trauma psychique. La représentation qu'on se fait de soi, libérée des perceptions sensorielles,

---

2. Janet P., *De l'angoisse à l'extase*, *op. cit.*, p 88 et p. 90.
3. Roisin J., « La sortie du corps et autres expériences extrêmes en situation de traumatisme », *Revue francophone du stress et du trauma*, 2009, 9 (2), p. 71-79.

laisse monter une image vers le plafond (comme disent les malades) ou vers le ciel (comme disent les croyants). Les enfants maltraités, les femmes violées, les déportés dans les camps de la mort, les personnes anéanties par l'effroi d'une agression racontent comment, détachées de leur corps, elles se sont vues de haut avec une étonnante indifférence. « Je suivais mon cadavre », dit Viktor Frankl, survivant d'Auschwitz[4]. « C'est pourquoi je parle à ce propos de mécanisme de "clivage de survie" comme un travail de survivance[5]. » C'est une adaptation psychique à l'imminence de la mort qui donne au sujet traumatisé la conviction que la vie de son esprit persévère après l'anéantissement de son corps.

Une telle connaissance n'est pas délirante puisque au contraire elle est enracinée dans une expérience extrême de la vie, dans un corps mourant, où l'âme est ressentie comme une possibilité éternelle. Ces survivants témoignent d'une découverte mentale inouïe et non pas d'une idée morbide.

L'extase (ex-stase) est une intense sensation physique qui consiste à se sentir hors de soi, transporté. C'est le plus logiquement du monde qu'on appelle « petite mort » l'orgasme sexuel. C'est un égarement de l'esprit qui déraille en quittant les amarres organiques, comme lors d'un transport amoureux. Nous pouvons donc considérer que cet ardent ravissement est le plus

---

4. Frankl V. E., *Le Dieu inconscient. Psychothérapie et religion*, Paris, InterÉditions, 2012.
5. Roisin J., *De la survivance à la vie. Essai sur le traumatisme psychique et la guérison*, Paris, PUF, 2010, p. 74.

joli moment pathologique d'un être humain normal : « Elle me fait perdre la tête. »

Tous ces mots du quotidien traduisent une expérience extrême d'amour et d'extase, aux portes de la mort. L'émotion est tellement intense que l'esprit sort de la chair pour contempler le monde et voir son propre corps dégagé de son âme. Sous l'effet d'un choc, effrayant ou amoureux, l'esprit monte au ciel, abandonnant par terre sa dépouille mortelle. Toutes les religions, pour décrire ce phénomène naturel, ont choisi des mots puisés dans leur culture : on monte vers Dieu, vers Allah ou vers le Grand Manitou. Jésus et Mahomet sont montés vers le ciel, comme tout être humain dont l'âme après la mort continue à vivre dans un autre monde. Dans cette sensation corporelle, l'âme désincarnée devient métaphysique. Il faut aussi noter que pour décrire ces expériences extrêmes, les mots de l'amour s'accouplent avec ceux de la mort.

Après l'expérience inouïe de la déportation, quelques cadavres vivants titubant parmi les morts ont senti que l'idée de Dieu venait d'être bouleversée. La plupart ont continué à chercher du secours auprès de leur Dieu dont ils avaient le plus grand besoin pour supporter l'enfer (70 %)[6]. D'autres, en voyant les centaines de milliers de cadavres s'empiler avant de partir en fumée, ont trouvé une raison pour expliquer l'impensable : Dieu est mort à Auschwitz, car s'Il avait existé, Il n'aurait jamais permis une telle abomination : « Quel

---
6. Falsetti S. A., Resick P. A., Davis J. L., « Changes in religion beliefs following trauma », *Journal of Traumatic Stress*, 2003, 16 (4), p. 391-398.

Dieu a pu laisser faire cela[7] ? » (16 %). À l'opposé, une minorité de squelettes vivants qui, avant la déportation, n'avaient jamais ressenti le souci de Dieu, soudain l'ont découvert : « D'un seul coup, j'ai su que Dieu existait[8] » (13 %).

Les croyances sont malléables sous l'effet des conditions extrêmes. Que ce soit la découverte de Dieu ou sa disparition, cette représentation est éprouvée comme une certitude. Pourquoi faudrait-il démontrer que je respire, que je suis vivant, que je crois en Dieu ? Je sais que j'y crois, puisque je le sens, c'est tout.

Les croyances sont authentiques, claires et irréfutables, même quand elles se métamorphosent. Le grand-père de Joseph, Juif très pieux, se disputait avec son fils qui luttait contre le nazisme en étant communiste. Le lien entre les deux hommes était déchiré quand ils se sont retrouvés à Auschwitz. Le fils a vu son père, tout nu, entrer dans la chambre à gaz et quand le père a aperçu son fils, il a crié : « Reviens à Dieu, reviens à Dieu… » et il est entré. Le fils, sidéré, a senti que son corps se désincarnait. C'est alors que le sentiment de Dieu est revenu en lui[9].

Une extrême émotion proche de la mort a probablement le même effet qu'une extrême émotion proche de la passion. Les mystiques témoignent du plaisir chaste et pourtant sexuel qu'ils éprouvent en rencontrant Dieu, comme l'écrit sainte Thérèse : « Que de tendres

---

7. Jonas H., *Le Concept de Dieu après Auschwitz*, Paris, Rivages, 1994, p. 14.
8. Falsetti S. A., Resick P. A., Davis J. L., « Changes in religion beliefs following trauma », art. cit.
9. Témoignage personnel, Joseph Kastersztein, Paris, 2014.

affections ! Que de transports d'amour ! [...] Les plaisirs sont sans fin, où l'époux et l'épouse [...] se font un vrai plaisir de reposer l'un dans l'autre [...] torrent de volupté [...] pur amour[10]. »

Dans l'expérience religieuse la consolation est associée avec l'admiration et l'activation de l'attachement. Dans la vie quotidienne il n'est pas rare qu'un acte sexuel console d'un chagrin. Un homme désolé peut déclencher la tendresse d'une femme. Une femme chagrinée se réfugie souvent dans les bras d'un homme ou d'une divinité : « J'ai été absorbée, enivrée, perdue dans un abîme d'indicibles consolations causées par la plus belle, la plus divine vision [...] celle de Notre-Seigneur environné de lumière[11]. »

Que l'extase soit déclenchée par une substance comme le peyotl ou la cocaïne ou par une représentation surhumaine, l'émotion est si intense qu'elle retentit sur le cerveau. Il suffit de parler pour activer un réseau de neurones temporaux à gauche, il suffit de regarder une image pour que la zone occipitale qui traite les informations visuelles consomme de l'énergie, et quand l'émotion est forte, c'est le circuit limbique qui est activé. Mais l'action d'une substance est immanente, car la drogue n'a pas besoin de sens pour déclencher une émotion, alors qu'une représentation provoque un sentiment qui a des effets plus durables que ceux d'une drogue.

---

10. « Lettre de sainte Thérèse au Rev. P. Grégoire de Saint-Joseph, Rome », *in* P. Janet, *De l'angoisse à l'extase, op. cit.*, p. 94.
11. James W., *Les Formes multiples de l'expérience religieuse. Essai de psychologie descriptive*, Paris, Exergue, 2001, p. 211-271.

CHAPITRE 3

ÉROTISME DE LA MORT IMMINENTE

Pour un mystique la mort n'est pas la fin de la vie, puisque seule la dépouille est mortelle et que l'âme survit, éternellement. Certains ressentent un ardent désir de mourir afin d'être plus près de Dieu. Quelques volcanologues éprouvent une sensation de beauté si violente devant une éruption qu'ils craignent d'avoir envie de se jeter dans le cratère. La mort est belle quand la beauté et l'érotisation provoquent l'extase d'un accouplement merveilleux et mortifère : « Katia, moi et les volcans, c'est une histoire d'amour [...] ils nous apportent la joie par leur beauté [...] leurs embrasements, leur violence qui, peut-être un jour, aura raison de notre témérité[1]. » Katia et Maurice Krafft, talentueux volcanologues, sont morts dans un acte d'embrasement quand, le 3 juin 1991, ils ont été rattrapés par une coulée de lave incandescente sur les flancs du mont Unzen au Japon.

---

1. Biographie de Maurice et Katia Krafft, sur le site L.A.V.E. (http://www.lave-volcans.com/gdesfig_krafft_hommage.html).

On obtient un effet analogue en excitant certaines zones du cerveau, en provoquant une extase amoureuse ou en relatant un récit d'épouvante : les mêmes zones sont stimulées. On peut démontrer que la merveille et l'horreur ne sont pas antagonistes. Ces deux sensations opposées sont physiologiquement associées pour équilibrer l'organisme. Un émerveillement routinier provoque une fatigue dégoûtée et, à l'inverse, une horreur incessante finit par provoquer une fascination apaisante. Quand on est assoiffé, les premières gorgées d'eau sont extraordinaires, mais si l'on boit sans cesse, on finit par éprouver un dégoût douloureux pour la même eau. Les traumatisés sont d'abord sidérés par l'effroi de ce qu'ils subissent. Mais dès qu'on les soutient et quand on les aide à donner sens à l'horreur, ils deviennent souvent spécialistes de ce qui les a traumatisés. Ils éprouvent alors le plaisir de reprendre la maîtrise de leur monde intérieur, et de contrôler l'agresseur en comprenant mieux ses motifs.

Ce couple d'émotions opposées qui fonctionnent en s'associant a été découvert par une ancienne expérience de neurophysiologie[2]. Un animal a la possibilité d'appuyer sur deux pédales, l'une donne des aliments et l'autre envoie des stimulations électriques à une électrode plantée dans la zone cérébrale qui déclenche une intense sensation de plaisir. En quelques jours, l'animal finit par s'autostimuler en s'envoyant sans cesse des

---

2. Olds J., Milner P., « Positive reinforcement produced by electrical stimulation of septal area and other regions of rat brain », *J. Comp. Physiol. Psychol.*, 1954, 47 (6), p. 419-427.

chocs électriques, au point de ne plus jamais appuyer sur la pédale qui donne des aliments. En milieu naturel, l'animal mange à satiété, jusqu'au moment où, rassasié, il manifeste de l'aversion pour ce qu'il désirait. Dans les conditions expérimentales, ce frein n'existe plus et l'animal stimule sa zone du plaisir jusqu'à ce que mort s'ensuive.

Notre milieu intérieur ne cesse de changer et nous devons sans cesse nous adapter à la déshydratation et à la baisse du sucre dans le sang en cherchant dans l'environnement de quoi nous réhydrater ou remonter notre glycémie. Cette fonction homéostatique maintient l'équilibre alors que tout change en nous et autour de nous. Ce balancement est assumé par deux circuits cérébraux : le faisceau latéral hypothalamique[3] qui, lorsqu'il est excité, déclenche une sensation de malaise qui pousse l'organisme à chercher ce qui lui manque et lui fera plaisir, et aussi un circuit de neurones préfrontaux connectés au thalamus qui, stimulé, provoque l'apaisement jusqu'à l'engourdissement. Ce couple d'opposés fonctionne comme un cycle alternant où des pulsions antagonistes s'harmonisent[4]. Une substance, sécrétée par le corps ou injectée depuis l'extérieur, active ce système qui peut nous faire passer du désespoir à l'euphorie, et inversement.

---

3. Faisceau latéral hypothalamique : circuit de neurones qui partent de la zone sous-thalamique (aire ventro-segmentale et noyau accumbens) pour se connecter au lobe temporal.
4. Panksepp J., *Affective Neuroscience. The Foundations of Human and Animal Emotions*, New York, Oxford University Press, 1998, p. 148-167.

Un produit chimique ingéré agit sur ces zones cérébrales autant qu'une représentation intense qui influe sur la chimie de ces mêmes circuits cérébraux. Ce raisonnement qui surprend les esprits dualistes est pourtant facile à constater : l'énoncé verbal d'un compliment peut faire rougir de plaisir celui (celle) à qui il est adressé. Le simple fait d'articuler des mots dans la bouche de l'un modifie la sécrétion des substances qui dilatent les vaisseaux de la face de l'autre. De même, une insulte peut induire chez celui qui l'entend une pâleur due à la constriction des vaisseaux, une syncope ou des pleurs peuvent être provoqués par l'énoncé d'une mauvaise nouvelle.

Lorsque l'émotion, quelle que soit son origine, est trop forte ou durable, on se retrouve dans la situation de l'animal qui stimule à en mourir sa zone du plaisir. La neurochimie du plaisir sexuel illustre ce constat biopsychologique. Certaines personnes deviennent addictes, dépendantes d'une drogue au point de ne pas supporter le manque de cette substance. Mais on peut aussi devenir dépendant d'une émotion forte provoquée par des jeux d'argent, par la mise en danger ou par la recherche de situations d'alerte qui sont suivies d'euphorie comme ces « supporters » de football, blancs de peur avant la bagarre, qui sera suivie d'une semaine de félicité sans raison. Dans ces cas, il n'y a aucune substance ingérée, et pourtant l'émotion provoquée par le risque de perdre provoque un tel plaisir que le joueur en devient dépendant. Certains adolescents, lors de leurs premières masturbations, éprouvent un plaisir sexuel si violent qu'ils en ressentent une angoisse. Et certains adultes sont désemparés après une « phase postorgasmique dépressive[5] ».

Une circonstance extrême peut mettre en feu ce couple de pulsions neurologiquement opposées de la frayeur et du plaisir. Peut-être est-ce ce qui explique le basculement fulgurant du pasteur résistant torturé par l'angoisse et arrêté en pleine extase par les soldats allemands ? Peut-être les conversions soudaines répondent-elles à ce schéma explicatif ? Quand Saul (Paul) le persécuteur quitte Jérusalem pour aller à Damas sévir contre les disciples de Jésus, il est « terrassé » par une apparition : « Je suis Jésus que tu persécutes. » Alors, l'avorton mort-né qu'il s'imaginait être est soudain illuminé par la grâce de Dieu et vole au secours des Chrétiens. Quand saint Augustin, le mauvais garçon (IVe siècle), entend la voix d'un enfant chanter « cherche les livres et lis-les », il reçoit la lumière, lit l'Épître de Paul aux Romains et renonce à ses jouissances passées. Fini le désir de chair, fini l'acte sexuel, finies la jalousie et les querelles incessantes, il se convertit à l'ascèse, décide d'aimer Dieu et de se faire aimer par les autres.

Le mot « conversion », habituellement employé, est-il pertinent pour désigner ce phénomène de bascule émotionnelle ? Paul n'a jamais abandonné sa foi juive, mais il n'a plus la haine de Jésus et de ses disciples. Saint Augustin est rassasié, et même écœuré par sa vie de jouisseur, il aspire soudain à l'ascèse qui le mène à la spiritualité afin de se reposer dans le cœur de Dieu.

---

5. *Ibid.*, p. 243.

Aux États-Unis, aujourd'hui, plus de 90 % des Américains croient en un dieu ou en un pouvoir surnaturel[6] : il y a une force, disent-ils avec conviction, l'essentiel c'est d'avoir un dieu. Nous nous adressons à lui avec des rituels différents selon les cultures mais pour nous, Américains, un monde sans dieu n'est pas concevable. Chaque jour, 58 % des croyants communiquent avec Dieu, surtout quand leur existence connaît un moment difficile. Ils organisent des lieux où ils se côtoient pour prier, ils décorent des emplacements pour en faire des autels et y mettre en scène des dramaturgies qui s'adressent au Tout-Puissant. Presque tous les croyants sont persuadés que le Ciel existe et qu'on y vit après la mort. Mais ils ne sont plus que 5 % aujourd'hui à croire au Diable, alors qu'ils étaient 80 % au Moyen Âge. La croyance en une force surnaturelle serait-elle sensible aux évolutions culturelles ? Pour 31 % d'entre eux, Dieu est autoritaire, alors que 25 % soutiennent qu'il n'est que bonté. Parmi les Musulmans, 95 % affirment que toute désobéissance à Dieu sera sévèrement punie, contre 80 % des Hindous, 80 % des Catholiques au Pérou et 60 % des Catholiques en Asie[7]. Dieu n'est pas pensé de la même manière selon le développement personnel des croyants et selon leur contexte culturel.

Le Dieu universel ressenti par la majorité des êtres humains se manifeste par une sensation d'élation qui nous élève vers le ciel au-dessus de nous-mêmes. Selon

---

6. Johnson D., *God Is Watching You*, New York, Oxford University Press, 2016, p. 61-63.
7. *Ibid.*

les personnes et selon les cultures, ce ressenti est nommé « force supérieure », « ange gardien » ou « Dieu qui gouverne notre âme » et nous arrache à l'immanence de l'ici-bas.

CHAPITRE 4

LES ÂMES TROUBLÉES,
UNE NEUROLOGIE

Puisqu'il s'agit d'une sensation authentiquement éprouvée, elle ne peut pas ne pas avoir de manifestation cérébrale. Il y a donc un profil neurophysiologique des « âmes troublées[1] » qui s'apaisent en s'élevant vers Dieu. Il y a une modification neurobiologique de ceux qui s'appliquent à croire en Lui, à élaborer sa représentation au moyen d'activités rituelles ou de commentaires de la foi.

Dans l'ensemble, ces travaux neurologiques montrent que l'hémisphère droit est le socle cérébral des affects négatifs excessivement sensible aux informations pénibles. Ces personnes ont tendance à rechercher dans les expériences spirituelles un effet apaisant. Quant à ceux qui vivent dans des conditions adverses, l'existence chaque jour leur inflige des agressions douloureuses auxquelles l'organisme réagit en diminuant

---

1. Saroglou V. (dir.), *Psychologie de la religion. De la théorie au laboratoire*, Louvain-la-Neuve, De Boeck Supérieur, 2015, p. 21-99.

les sécrétions de la sérotonine (qui euphorise) et en augmentant le taux de dopamine (qui prédispose aux ripostes agressives). Quand le lobe frontal droit est stimulé par les agressions, on se sent triste et on recherche des faits qui confirment notre aptitude à voir ce qui ne va pas. Quand une décharge épileptique temporale droite diffuse ses ondes électriques vers le lobe frontal droit, les patients expriment une sensation de mort imminente[2].

L'association de ces données paraît contradictoire à ceux qui ont pris l'habitude de se poser le problème avec les mots « inné » ou « acquis ». Mais ceux qui s'entraînent à raisonner en termes de processus dynamiques et interactifs aboutissent à la proposition suivante : quand une existence apporte chaque jour son lot d'agressions, c'est le lobe frontal droit qui est le plus stimulé. Les conditions adverses ont rendu un tel cerveau sensible aux affects négatifs. Le sujet malheureux a besoin d'aller chercher des explications magiques pour lutter contre son malaise. Mais quand son milieu familial et culturel lui propose une spiritualité, cette personne dispose d'une arme mentale qui l'aide à trouver le soutien affectif, la solidarité et la transcendance suffisante pour se remettre à vivre.

Les athées ont un lobe gauche dominant plutôt euphorisant, peut-être parce qu'ils se sont développés dans un milieu en paix. Ils ont moins besoin de la réaction spirituelle de défense. Alors que les croyants

---

2. Britton W. B., Bootzin R. R., « Near-death experiences and the temporal lobe », *Psychological Science*, 2004, 15 (4), p. 254-258.

qui affrontent une existence difficile dans une culture en guerre ou en précarité sociale doivent s'entraîner pour développer ce mécanisme de défense[3]. Quand ces personnes trouvent dans leur contexte une spiritualité et une religiosité, elles combattent victorieusement leur difficulté à vivre. La culture et le cerveau s'associent pour les mener à la victoire. La spiritualité est vitale pour elles. Les étudiants qui se sentent religieux sont hypersensibles aux tragédies de l'existence. Ils s'engagent dans des activités caritatives dont tout le monde profite. Les étudiants athées, moins touchés par les malheurs du monde, se protègent des émotions désagréables en s'orientant vers des activités moins transcendantes.

La religion est un phénomène humain majeur qui structure la vision du monde, sauve un grand nombre d'individus, organise presque toutes les cultures... et provoque d'immenses malheurs ! Pour comprendre cette terrifiante merveille, il faut associer des disciplines différentes comme la psychologie développementale, la clinique de l'attachement, les expériences psychosociales et les découvertes récentes du fonctionnement cérébral. Ces données hétérogènes, en s'harmonisant, créent une nouvelle affectivité : l'attachement à Dieu[4].

---

3. Harmon-Jones E., Gable P. A., Peterson L. K., « The role of asymetric frontal cortical activity in emotion-related phenomena : A review and update », *Biological Psychiatry*, 2010, 84 (3), p. 451-462.
4. Burris C. T., Petrican R., « Hearts strangely warmed or cooled : Emotional experience in religions and atheistic individuals », *The International Journal of the Psychology of Religion*, 2011, 21 (3), p. 183-197.

Le système religieux, en se déréglant, donne des troubles :
- Culturels : guerres de religion.
- Psycho-affectifs : fanatisme.
- Neurologiques : extases délirantes ou hallucinations.

Quand le développement de l'empathie est sain, un frein émotionnel s'installe dans l'esprit du sujet qui ne peut plus tout se permettre dès qu'il comprend que ses pulsions coûtent cher à ses proches[5]. L'empathie, socle neurologique et affectif de la morale, n'a pas besoin de spiritualité pour se mettre en place. Mais lorsque le développement de l'empathie s'arrête chez un croyant aveuglé par sa foi, c'est au nom de son seul Dieu que, devenu fanatique, il extermine les mécréants[6]. De même, lorsque le chaste mystique s'enflamme et que l'objet de son amour devient sacré, la moindre égratignure lui fait l'effet d'un blasphème. Alors l'idéaliste passionné prépare l'assassinat du sacrilège[7].

La religion est un phénomène relationnel et social, alors que la spiritualité est un prodige intime. C'est un événement extraordinaire, profondément éprouvé dans son corps et pourtant coupé du réel des choses et des événements. Ce sentiment émerveille ceux qui l'éprouvent comme un souffle, une vapeur extatique qu'ils désignent par le mot « esprit » – qui a donné

---

5. Brunel M.-L., Cosnier J., *L'Empathie. Un sixième sens*, Lyon, Presses universitaires de Lyon, 2012.
6. Chouvier B., *Les Fanatiques. La folie de croire*, Paris, Odile Jacob, nouvelle édition 2016.
7. Saint Victor J. de, *Blasphème. Brève histoire d'un « crime imaginaire »*, Paris, Gallimard, 2015.

« spiritualité ». Celui qui ressent un tel événement invisible et bouleversant possède la preuve vécue de la nature immatérielle de l'âme. Cette expérience intime est différente de la perception du corps pesant et étendu qui a une forme descriptible et manipulable expérimentalement. Le corps est au monde, alors que l'âme est une vérité invisible, intensément ressentie. Les mots qui parlent du corps désignent des réalités palpables, alors que ceux qui évoquent l'âme indiquent une représentation abstraite qui donne forme à un monde imperçu. C'est peut-être ce qui explique le langage poétique et métaphorique des textes religieux.

Sur la planète aujourd'hui des milliards d'êtres humains se rendent chaque jour sur un lieu de prière pour tenter l'aventure religieuse. La spiritualité, ce sentiment de vérité surnaturelle, peut se ressentir dans d'autres lieux. Ce que je viens d'écrire est d'une grande banalité puisque nous avons tous fait l'expérience du rêve, quand notre corps inerte au fond d'un lit est coupé du réel, tandis que notre esprit vit une intense expérience émotionnelle angoissante, fantasmagorique ou érotique.

L'effet de la croyance en Dieu est bénéfique pour le corps et pour le psychisme, comme le prouve le rétablissement chez les anxieux des sécrétions neurobiologiques et du fonctionnement cérébral, dès qu'ils sont apaisés[8]. Le malentendu s'installe quand chaque religion propose sa fiction explicative. Pour l'une, le monde a

---
8. Beauregard M., O'Leary D., *Du cerveau à Dieu. Plaidoyer d'une neuroscientifique pour l'existence de l'âme*, Paris, Guy Trédaniel Éditions, 2015.

été créé en six jours et Dieu, comme un homme, s'est reposé le septième. Dans une autre croyance, Dieu s'est accouplé avec une déesse, un homme vivant est sorti de sa cuisse... ou de la boue... est tombé du ciel... ou s'est dégagé des animaux...

Toutes les religions socialisent les âmes et sécurisent les cœurs, mais leurs fictions explicatives différentes provoquent souvent une sensation de sacrilège. Celui qui ne croit pas ce que croit la majorité se retrouve en situation de dissidence, de mécréance ou même de blasphème. Paradoxalement, la simple existence d'un mécréant renforce le sentiment d'appartenance des croyants normaux qui, se sentant menacés, se regroupent pour défendre leur Dieu. Toute persécution du groupe des croyants renforce leur religiosité[9]. On peut même affirmer qu'un groupe de croyants cherche à se faire persécuter afin de réactiver sa solidarité religieuse. « Longtemps, l'Inquisition fut associée à la persécution et à la condamnation des hérétiques. Cependant, les dissidents de l'Église catholique ne furent pas les seuls à être l'objet de ses poursuites. Sorciers et magiciens furent nombreux à subir le verdict de la justice pontificale. Ainsi naquit la fameuse chasse aux sorcières[10]. » Au projet de sauver les âmes et conserver la chrétienté s'ajoute l'intention masquée de prendre le pouvoir en se disant persécuté. L'histoire des religions est une longue série de malheurs

---

9. Aydin N., Fischer P., Frey D., « Turning to God in the face of ostracism : Effects of social exclusion of religiousness », *Personality and Social Psychology Bulletin*, 2010, 36 (6), p. 742-753.
10. Le Fur D., *L'Inquisition. Enquête historique, France XIIIe-XV{e} siècle*, Paris, Tallandier Poche, 2012, p. 125 et p. 15.

dont les croyants ont triomphé grâce à leur union et au maintien de leur foi. Adorer un homme cloué sur une croix, vénérer les martyrs percés de flèches, admirer le courage d'une sainte dévorée par les lions, s'exalter en écoutant le récit de petits garçons hachés par les fusils des occupants, ces malheurs mettent du texte autour de quelques images horribles afin d'indigner les croyants et de légitimer leur propre violence. Pas de culpabilité ni de honte quand on massacre pour défendre le Dieu sacré qui a été insulté.

CHAPITRE 5

L'ENFANT ACCÈDE À DIEU PARCE QU'IL PARLE
ET PARCE QU'IL AIME CEUX QUI LUI PARLENT

Le développement de la religiosité se construit de la même manière que l'acquisition des langues. La première langue, dite « maternelle », est imprégnée dans la mémoire de l'enfant qui incorpore des mots et des structures grammaticales mises au point par ses ancêtres. Au cours d'une période sensible où les neurones sont particulièrement réceptifs à ce type d'apprentissage (entre le vingtième et le trentième mois), l'enfant peut s'imprégner de toute langue que parlent ses proches, à condition d'établir avec eux une relation d'attachement.

Les migrants parlent souvent plusieurs langues, mais ils ne parlent à leur enfant que la langue qu'ils désirent imprégner dans sa mémoire. Quand ils souhaitent que leur enfant s'intègre dans le pays d'accueil, c'est cette langue qu'ils adressent au petit si bien que la langue des origines devient celle de l'exil, du malheur ou de la honte. L'enfant, incapable d'accepter cette langue dans laquelle il baigne, ne peut apprendre que la langue porteuse de l'espoir de ses parents, celle du pays d'accueil.

À l'inverse, quand les parents éprouvent du bonheur à parler la langue de leurs origines, c'est cette langue que les enfants apprennent facilement, intégrant mal la langue du pays d'accueil. Le bain de langage est nécessaire, mais n'est pas suffisant. Il faut que les mots véhiculent plus d'affection que d'information, afin que les parents imprègnent dans la mémoire de leur petit le bonheur d'aimer un pays, une culture... ou un Dieu.

Le premier attachement à la langue maternelle et au Dieu de sa famille est acquis par imprégnation au cours d'une période sensible du développement. Plus tard, l'enfant pourra apprendre d'autres langues et découvrir que d'autres dieux existent, s'il en a le désir.

Un nouveau-né ne peut pas se développer ailleurs que dans la niche sensorielle où la vie l'a fait naître. Aucun bébé n'est croyant quand il arrive au monde. Ce n'est que lorsqu'il accède au monde des mots, au cours de sa troisième année, que ses parents parviennent à lui présenter leur Dieu. Selon le mode d'attachement qu'il a acquis dans son foyer, l'enfant va aimer Dieu de manière sécure, si ses parents lui en ont parlé de manière sécurisante (« Dieu nous protège »). Mais il éprouvera Dieu avec crainte quand sa famille raconte un Dieu punisseur. De même, il recevra Dieu de manière détachée quand il aura été entouré de récits religieux décontractés. C'est avec un même procédé de transmission rhétorique que l'enfant acquiert parfois la haine de Dieu. Selon la structure verbale des récits qui lui présentent Dieu et selon les rituels religieux de sa famille, l'enfant s'imprègne d'un style d'attachement qui caractérise sa manière d'aimer Dieu.

À partir de la troisième année, le bouillonnement synaptique se calme, les circuits cérébraux se mettent en place sous l'effet des pressions du milieu. La mémoire autobiographique apparaît quand, vers l'âge de 6-8 ans, l'enfant devenu capable de faire un récit dit ce qu'il pense de Dieu, s'il aime les représentations que lui ont transmises ses parents, s'il en a peur, s'il s'en moque ou s'il les déteste. La transmission des représentations se fait au moyen des récits et des rituels religieux qui donnent accès à Dieu. Cette méthode transgénérationnelle explique la cartographie des croyances : un nourrisson qui arrive au monde en Égypte a plus de chances de devenir Musulman que Bouddhiste.

Apprendre la religion de ses parents tisse un lien d'attachement aussi important que parler leur langue. Le nourrisson égyptien parlera l'arabe de son pays et habitera la religion de ses parents. Il peut désormais répondre à des représentations verbales qui désignent des objets qui ne sont pas dans le contexte. Il peut tout autant répondre à des représentations qui désignent un monde métaphysique. Ce n'est que lorsque le développement de son cerveau connecte les neurones préfrontaux de l'anticipation avec les neurones de l'émotion et de la mémoire du système limbique que l'enfant, âgé de 6-8 ans, accède à la représentation de la mort. Les récits qui lui racontent comment on vit après la mort, dans l'au-delà, éclairent son avenir et lui donnent des recettes morales et comportementales pour se socialiser selon la loi de Dieu. Une telle représentation métaphysique existe dans toutes les religions sous forme de scénarios différents. Elle éclaire l'enfant, évite l'incertitude de l'avenir et prescrit des conduites à tenir dans la vie quotidienne. Une telle représentation possède un puissant effet sécurisant et socialisant.

Les enfants qui s'épanouissent dans un foyer où l'on déteste Dieu apprennent, eux aussi, la langue de leurs parents et leurs représentations hostiles : « Dans ma famille, on se moque des curés… Je suis fier d'appartenir à un groupe qui ne se laisse pas berner. » Quand ils parviennent à l'âge de la représentation de la mort, ce groupe devra trouver autre chose que Dieu et ses rituels pour sécuriser, moraliser et socialiser ces enfants. À la place, il propose une utopie sociale qui présente, elle aussi, une vie ailleurs, dans un monde parfait, comme le paradis profane des communistes ou l'éden matérialiste des réussites financières.

Les milieux qui n'offrent rien à leurs enfants les privent de tuteurs de développement, ils en font des errants sans rêves et sans projets dans un désert de sens où les gourous viennent faire leur marché.

Après la période sensible de l'acquisition de la langue (vingtième-trentième mois), l'adolescence constitue une autre période sensible où les acquis se remanient. C'est l'âge des engagements où l'on change de relations avec ses parents pour s'orienter dans une autre direction. Même si l'ado garde la religion de ses parents, ce qui est souvent le cas, l'apparition du désir sexuel le pousse à quitter le foyer parental. Il ne s'en détache pas, il est simplement attiré par un objet sexuel qui l'oriente vers l'extérieur de sa famille. Il tombe amoureux bien sûr, mais sa rencontre n'est pas due au hasard. L'ado, gouverné par les règles religieuses et les pressions sociales, garde le bénéfice de la protection familiale qui l'aide à tisser de nouveaux liens sexuels et affectifs en épousant un conjoint de même religion. Dans ce cas, le mariage sera une fête. Le père mènera sa fille à l'autel et la remettra dans les bras de son mari. Ce transfert d'attachement sera béni par le prêtre et accueilli par la société. Mais l'adolescence, c'est aussi l'âge des abandons religieux et des conversions qui, en déchirant la famille, privent le jeune couple du soutien parental.

Il est donc possible d'étudier l'acquisition de la religion comme un développement. Avant d'accéder à la parole, avant d'être capable de maîtriser la représentation du temps qui permet de faire un récit, le nouveau-né s'imprègne d'un style d'attachement qui présage sa manière d'aimer le Dieu de son groupe. Une sorte de période de latence s'installe entre 7 et 14 ans où l'enfant aime Dieu comme il a appris à aimer. Cet élan affectif peut être confiant, ambivalent ou distant. À l'adolescence, il peut aimer Dieu encore plus, il peut l'aimer ailleurs dans un autre foyer, mais il peut aussi sentir l'engourdissement ou le rejet de cette croyance. Lors de cette période critique, la manière d'aimer Dieu se remanie souvent.

On peut donc concevoir un développement du sentiment religieux lié aux transactions entre le corps biologique et son contexte culturel. C'est pourquoi la sexualité ne devient une préoccupation mentale que lorsque l'organisme a atteint sa maturité endocrinienne. Une motivation fondée sur la biologie devra s'articuler avec les règles sociales et les interdits religieux. Les enfants qui naissent de ces rencontres sexuelles débarquent dans un monde structuré par le langage et les croyances de leurs parents[1]. Ce qui revient à dire que chaque période développementale (l'enfance, l'adolescence, l'adulte et l'âgé) doit s'harmoniser avec les structures culturelles du milieu.

Dieu n'existe pas dans le monde préverbal d'un enfant de moins de 3 ans. La possibilité de Dieu ne peut pas naître dans son âme, alors que ses parents ont organisé leur existence autour de cette croyance. Lors de la deuxième année, l'enfant comprend que les objets continuent à exister, même quand il ne les voit pas. Il sait qu'ils sont ailleurs dans un monde imperçu qu'il peut se représenter[2]. Quand, vers l'âge de 6-8 ans, la maturation du cerveau donne accès à la représentation du temps, il devient capable de faire un récit de son passé et de l'intégrer dans celui de son avenir. Ce cheminement le mène à la métaphysique : « Avant d'être né, je vivais dans la filiation de mes origines... après ma mort, je vivrai dans un autre monde. » Il peut alors rencontrer le Dieu qui donne forme à cette représentation mentale.

Les émotions aussi se développent. Le nourrisson est une éponge affective, un carrefour de stimulations qui viennent du fond de lui-même quand il a faim ou

---

[1]. Kirkpatrick L. A., *Attachment, Evolution and the Psychology of Religion*, New York, The Guilford Press, 2005.
[2]. Piaget J., *La Représentation du monde chez l'enfant* (1926), Paris, PUF, 1947, traduit en anglais : *The Child's Conception of the World. A 20th-Century Classic of Child Psychology*, New York, Harcourt, Brace et World, 1930.

froid et du fond de ceux qui l'entourent quand ils sont heureux ou malheureux d'avoir à s'occuper de lui. Ce n'est que vers l'âge de 4 ans que l'enfant devient capable de faire la différence entre ce qui vient de lui et ce qui vient des autres. Une telle performance sensorielle n'est possible que lorsque l'enfant sécurisé éprouve du plaisir à imaginer ce que pourrait bien constituer le monde des autres. Quand il n'y a pas d'altérité pour tutoriser son développement, son monde mental demeure autocentré. Mais quand, autour de lui, l'attachement l'invite à se décentrer de lui-même, l'enfant aime ce qu'aiment ses parents. Il est sécurisé par la présence de ceux qu'il aime et il apprend leurs représentations comme il a appris leur langue. Cette ouverture des relations permet le partage d'un monde qui n'est pas dans le contexte, mais dont la représentation provoque un fort sentiment. « Quand je prie Dieu en même temps que mes parents, j'éprouve le délicieux sentiment d'appartenir au groupe qui me protège », pourrait dire l'enfant. À ce niveau du développement, la niche sécurisante n'est plus sensorielle, elle est comportementale et verbale : « On me raconte les aventures de Dieu et de son prophète, on prend des postures de prière, on respecte les rituels alimentaires qui déposent, au fond de nous, un délicieux sentiment d'appartenance. Je me sens bien auprès de vous, partageant les mêmes gestes et évoquant les mêmes dieux. » Quand la culture code l'expression des émotions, une socialisation harmonieuse se met en place. L'enfant peut lire les états émotionnels de ses parents (colère, joie, tristesse). Il peut aussi partager les sentiments qu'ils éprouvent en organisant des représentations (prières, chants, récits, bougies et vêtements liturgiques).

Notre système nerveux, en se développant au contact des autres, nous invite à quitter l'immédiateté des stimulations pour habiter un cosmos encore vide. Par bonheur, nos figures d'attachement remplissent ce monde avec des récits qui représentent Celui qui n'est pas là. Personne ne pense : « J'étais rien avant la vie, je serai rien après la mort. » Toutes les cultures proposent un récit : « Je suis inscrit dans une filiation qui remonte à… Saint Louis…, à l'Afrique…, à la Pologne. J'appartiens à cette lignée où l'on se caractérise par des cheveux blonds, par une peau noire, par une croyance en un Dieu des Chrétiens ou des Musulmans. Puisque j'existais avant ma vie, je pense logiquement que j'existerai après ma mort. » C'est le plus naturellement du monde qu'on accède au monde surnaturel. On se sent identifié et protégé quand on perçoit un Dieu qui est à la fois sensation et conviction : « Soudain j'ai su qu'Il existait. »

CHAPITRE 6

LE DEUIL ET L'ACTIVATION D'ATTACHEMENT

L'attachement, conçu et élaboré par John Bowlby[1], est un système observable et manipulable expérimentalement. Le bébé préverbal s'oriente vers la personne qui le sécurise (mère, père, nounou) pour rechercher et maintenir une proximité protectrice. Ce système d'attachement, imprégné dans notre mémoire biologique, se réveille en cas d'alerte. Pourquoi, au cours d'un deuil, éprouve-t-on le besoin de serrer contre soi quelqu'un qu'on aime et qui souffre de la même perte que la nôtre ? Au Liban, pendant la guerre civile (1975-1990), le père partant travailler le matin faisait naître une angoisse diffuse : « Il ne rentrera peut-être pas ce soir[2]. » Son retour, le soir, donnait le signal de la fête. « Il est là, encore vivant, quel bonheur de l'aimer ! » Ce sentiment de perte, suivi de retrouvailles, constitue un très efficace

---

1. Bowlby J., *Attachement et perte*, volume 1 : *L'Attachement* ; volume 2 : *La Séparation. Angoisse et colère* ; volume 3 : *La Perte. Tristesse et dépression*, Paris, PUF, « Le fil rouge », 1978, 1978, 1984.
2. Mirna Gannagé, communication personnelle, Beyrouth, 2005.

activateur d'attachement. À l'inverse, quand on est sûr d'être aimé, tous les jours, de la même manière, la sécurité affective engourdit le psychisme : « Je ne supporte plus vos bonheurs tristes », disait Cioran aux jeunes gens bien élevés. Il faut un peu de désespoir pour éprouver le bonheur de le combattre victorieusement : « Il faut être mélancolique jusqu'à l'excès, extrêmement triste. C'est alors que se produit une réaction salutaire. Entre l'horreur et l'extase, je pratique une tristesse active[3]. »

J'aime Cioran dont le cynisme me fait rire, il dit avec son élégance brutale ce que les neurophysiologistes nous démontraient avec les « couples d'opposés ». Trop de souffrance mène à l'extase aussi sûrement qu'un grand bonheur peut devenir douloureux.

Pourrait-on appliquer le même raisonnement à l'amour de Dieu ? Quand il est là, tous les jours, dans une culture en paix, dans une famille dévouée jusqu'à l'écœurement, on n'a pas l'occasion de se rendre compte à quel point on est attaché. Il faut une perte, une déchirure familiale ou un appauvrissement culturel pour que la privation aiguise le besoin de croire en Lui et le bonheur de retrouver son amour sécurisant[4].

Dans le deuil, une étoile affective s'éteint. Pour se remettre à vivre, il faut réorganiser notre constellation familiale. De même, lors d'un événement déchirant (divorce, perte d'emploi, guerre ou, parfois, simple déménagement), il faut à chaque épreuve trouver d'autres

---
3. Cioran E. M., *Œuvres*, Paris, Gallimard, « Quarto », 1995, p. 1739.
4. Bretherton I., « New perspectives on attachment relations. Security, communication and internal working models », *in* J. D. Osofsky (dir.), *Handbook of Infant Development*, New York, Wiley, 1987, p. 1061-1100.

objets à aimer. Mais le mot « aimer » nous oriente vers des buts à chaque fois différents : on n'aime pas notre mère comme on aime notre femme, nos enfants, la cuisine ou Dieu. Cette orientation affective universelle organise vers chaque objet une structure différente. Au début, l'endeuillé ne vit pas encore dans une nouvelle famille, il flotte dans son ancienne parenté où manque une figure d'attachement. Le défunt est mort dans le réel, mais pas dans le lien qu'on a tissé avec lui. Quand on a pris l'habitude de vivre avec quelqu'un dont chaque jour on a pris soin, il demeure dans notre mémoire. Notre cerveau est ainsi fait qu'il persévère et projette dans l'avenir ce qu'il a inscrit dans le passé[5]. Quand Catherine a perdu son fils, âgé de 20 ans, tombé accidentellement par la fenêtre, elle a dû aller à la morgue « voir le corps de son enfant mort ». La pièce est glacée, les pieds du jeune homme mort dépassent du drap. « Seule l'obsédait la pensée que tu devais avoir froid, ainsi sans chaussettes[6]. » Le fils, mort dans le réel, continuait à vivre dans la mémoire de la mère. Une telle pensée, absurde dans le réel, est logique dans la mémoire où il est encore inscrit. Un homme a froid aux pieds quand il n'a pas de chaussettes. Cela est fréquent lors du phénomène clinique du membre fantôme quand le patient souffre réellement du membre amputé. Les hallucinations de deuil sont habituelles dans la mémoire des endeuillés. Les veuves adressent encore la parole au

---

5. Fraley R. C., Shaver P. R., « Loss and bereavement », *in* J. Cassidy, P. R. Shaver (dir.), *Handbook of Attachment, op. cit.*, p. 735-759.
6. Servin C., *Abécédaire d'un parent endeuillé*, Paris, L'Harmattan, 2016, p. 39.

mari mort, mettent son couvert et l'entendent respirer la nuit dans le lit. C'est le moment où la perte avive le besoin de combler le vide par une représentation surnaturelle, sécurisante et protectrice. L'appel à Dieu s'impose comme un besoin urgent, et la culture dans laquelle survit l'endeuillé propose des lieux de prière, des incantations, des mises en scène, des parfums, des chants, des vêtements, des gestes et des rassemblements qui donnent forme à cet appel et comblent le manque douloureux.

La religiosité individuelle doit s'articuler avec la religiosité culturelle pour devenir efficace. Après une angoisse métaphysique, la religiosité sert à revaloriser l'estime de soi, contrôler l'adversité, donner quelques certitudes pour organiser les conduites et attribuer un sens au destin qui nous accable[7].

Généralement, la religion est une caractéristique du milieu qui nous entoure. Il suffit de respecter les règles pour se sentir intégré, accepté par ceux qu'on aime. Si l'on souhaite être estimé par nos proches, il faut montrer à quel point on participe aux rituels. Les rassemblements de croyants offrent l'occasion d'exprimer sa foi, d'obtenir l'approbation des autres, et parfois leur admiration. Ils nous fournissent l'étayage qui soutient l'estime de soi, momentanément abîmée par une épreuve de l'existence : « J'errai comme une âme en peine, mais après avoir été à la mosquée, je me suis senti soutenu par le côte à côte des prières, les rituels de purification et l'élévation de mon âme. » Ce sentiment

---
7. Saroglou V. (dir.), *Psychologie de la religion, op. cit.*, p. 54.

de religiosité intime, étayé par la religiosité du milieu, est différent de la sensation métaphysique de l'existence de Dieu. Ces deux émotions peuvent être dissociées, on peut croire en Dieu sans aller à l'église et inversement. Quand la religiosité intime s'harmonise avec la structure religieuse de la culture, on ressent clairement un sentiment de cohésion qui donne confiance et socialise. On devient soudain un être moral, valorisé par le groupe, alors qu'avant la cérémonie « on errait comme une âme en peine ». Quand ces deux religiosités, intime et culturelle, s'harmonisent, la valorisation de soi est fortement soutenue[8].

Chaque personnalité a une stratégie de socialisation qui lui est propre. La plupart acceptent les valeurs du groupe, mais d'autres se personnalisent en s'en différenciant. Ils s'affirment croyants dans un contexte où la religion n'est pas une valeur prioritaire, ou au contraire ils se disent sans dieu dans une culture où le conformisme religieux structure le groupe. Cette stratégie où l'opposition devient une affirmation de soi caractérise l'adolescence, mais témoigne aussi de la difficulté à accéder à l'autonomie mentale pour un jeune qui ne peut se poser qu'en s'opposant.

Quand on arrive à l'âge où l'on comprend l'idée de la mort (vers 6-8 ans), quand la maturation cérébrale rend possible la représentation du temps, nous découvrons que notre existence aura une fin irrémédiable.

---

[8]. Gebauer J. E., Sedikides C., Neberich W., « Religiosity, social self-esteem, and psychological adjustment : On the cross-cultural specificity of the psychological benefits of religiosity », *Psychological Science*, 2012, 23 (2), p. 158-160.

Certaines personnalités se résignent, alors que d'autres s'indignent. Ces personnes éprouvent comme un scandale un phénomène naturel que connaissent inéluctablement les plantes, les animaux, les êtres humains et même les planètes. En termes métaphysiques nous pourrions dire : « Je sais que la mort existe, mais puisque j'ai en mémoire que j'ai moi-même existé pendant toute ma vie, je me représente ma vie après ma mort. » Dès l'instant où je crois à une vie après la mort, je dois contrôler ma vie avant la mort de façon à connaître une éternité confortable. Mon existence n'est plus désordonnée, elle s'organise autour de ce projet : « Je sais ce qu'il faut faire... Il suffit d'obéir aux lois divines et de servir le groupe pour devenir moral. Quelques recettes comportementales rituelles apaisent mes angoisses, font disparaître mon errance intellectuelle et me donnent des certitudes. J'ai l'impression de gouverner ma vie en obéissant aux lois divines qui nous gouvernent, mais je sais aussi gouverner le Dieu qui nous gouverne. Il suffit de lui obéir, de lui faire quelques offrandes alimentaires et, en cas d'angoisses, de lui offrir quelques sacrifices. Le monde est clair, je sais comment faire et où aller. Ma vie a un sens, je la contrôle, je me sens libre en obéissant. »

CHAPITRE 7

LE BESOIN DE DIEU
ET LA PERTE

La religion est un phénomène profondément humain qui résulte de la convergence de multiples déterminants. Le cerveau, sculpté par les pressions affectives, donne à voir un monde particulier. Les traditions qui structurent les activités culturelles fournissent aux enfants leurs premiers tuteurs de développement. Les récits transmettent ces représentations multiples. La croyance religieuse est donc un phénomène adaptatif biologique, affectif, social et culturel qui nous apporte d'énormes bénéfices socialisateurs. Ce constat mène à se demander : « Si la religion n'existait pas, est-ce que d'autres processus pourraient la remplacer ? »

Les pressions affectives qui tutorisent le développement d'un enfant préverbal sont organisées par les croyances des parents. Il est difficile de penser que l'enfant, à ce stade, connaît une expérience spirituelle. Puisqu'il ne parle pas encore, il ne peut que percevoir les gestes et mimiques qui l'entourent sans en comprendre le sens. Il saisit la signification immédiate, mais ce n'est qu'à l'âge des récits, vers 7 ans, qu'il pourra historiser ces gestes et accéder à la signification transcendante des rituels religieux.

Quand leur monde se vide, les enfants prénarratifs le remplissent avec des objets qui représentent la mère sécurisante qui n'est pas là. Il y met des amis imaginaires qu'il emmène en promenade ou dépose sur son oreiller. Il lui faudra attendre encore quelques années pour remplir ce monde invisible par des histoires merveilleuses ou tragiques, inspirées par les récits de ses parents. Peu à peu, grâce aux séquences « séparation-retrouvailles », il comble cette absence par les figures d'attachement imprégnées dans sa mémoire, mais qui ne sont plus dans le contexte : « Maman n'est plus là mais dans ma mémoire est inscrit le souvenir de son retour. Il me suffit de combler le vide momentané par des objets qui la représentent (chiffon, tétine, nounours) pour ne plus être désespéré, abandonné dans un monde désertifié. » Dès que le petit a appris à utiliser un « objet transitionnel[1] », il sait remplir son monde en y mettant un objet qui représente la figure d'attachement. Plus tard, quand l'enfant parle, il y met des entités et des récits. Cette représentation fait naître en lui un sentiment qui l'apaise, lui donne confiance et indique la bonne conduite.

Les enfants qui ont survécu à un abandon précoce, intense et durable n'ont jamais eu l'occasion d'inscrire dans leur mémoire une trace d'attachement sécurisant.

---

1. Winnicot D. W., *Les Objets transitionnels*, Paris, Payot, 2010.

Aucune information ne peut évoquer un moment agréable enfoui dans leur mémoire. Tout les effraie. Ils ne peuvent apaiser cette sensation d'agression que par des autostimulations, seules traces familières sécurisantes pour un bébé qui n'a jamais connu d'altérité. Les comportements autocentrés (balancements, tournoiements et auto-agressions) prennent un effet sécurisant. Impossible pour eux d'inventer un substitut affectif puisqu'il n'y a pas de traces affectives dans leur mémoire. Pas de créativité transitionnelle en eux, pas de récits culturels autour d'eux, pas d'étoile du berger non plus pour donner une direction à leur existence. Sans entourage, ils flottent comme des errants affectifs et sociaux. C'est pourquoi, à l'adolescence, quand ils rencontrent un gourou qui leur impose un cadre, ces jeunes que l'on croyait insoumis alors qu'ils n'étaient qu'agités, s'assujettissent avec soulagement à n'importe quelle pensée extrême[2]. Ils trouvent dans un établissement pénitentiaire, une armée ou une secte le cadre soutenant dont ils ont été privés. N'ayant jamais eu la possibilité de construire un attachement symbolique à un nounours, à un village ou à un objet signifiant (école, lieu de culte), ils parviennent à se dégager de leurs impulsions désocialisantes (bagarres, délinquance) en se soumettant à une règle de fer qui les libère de l'angoisse du choix. Enfin apaisés, ils trouvent un réconfort dans un projet illusoire.

---

2. Granqvist P., Fransson M., Hagekull B., « Disorganized attachment, absorption, and new age spirituality : A mediational model », *Attachment and Human Development*, 2009, 11 (4), p. 385-403.

Quand un enfant n'a pas été exercé à comprendre que les choses continuent à exister même quand il ne les perçoit plus, il ne peut pas imaginer un autre monde que celui qu'il perçoit. Prisonnier de l'immédiat, il ne peut que réagir aux stimulations du contexte. Pas de rêve à réaliser, pas d'histoire à raconter, cette « lobotomie mentale » par carence affective et culturelle correspond étonnamment aux lobotomies fonctionnelles que l'on photographie aujourd'hui en neuro-imagerie[3]. Quand les neurones préfrontaux ne sont pas stimulés par les interactions précoces (toucher, sourire, prendre soin, jouer, parler), les synapses engourdies ne se connectent pas et le lobe préfrontal ne peut plus inhiber l'amygdale rhinencéphalique (à la face profonde du cerveau), qui est le substrat neurologique des émotions intenses de rage ou de frayeur. Un enfant ainsi façonné par un appauvrissement affectif précoce ne peut pas freiner ses impulsions ou réagir paisiblement aux relations quotidiennes qu'il ressent comme des agressions[4].

À l'inverse, quand un bébé est entouré d'affection et de paroles, il acquiert une aptitude à se dégager des contraintes biologiques. Il peut alors éprouver dans son corps des émotions provoquées par des représentations (dessins, chansons, films, récits ou cérémonies). Un tel

---

3. Cohen D., « The developmental being. Modeling a probabilistic approach to child development and psychopathology », *in* M. E. Garralda, J.-P. Raynaud (dir.), *Brain, Mind and Developmental Psychopathology in Childhood*, New York, Jason Aronson, 2012, p. 3-29.
4. Bateman A., Fonagy P., *Mentalization-Based Treatment for Borderline Personality Disorder*, Oxford, Oxford University Press, 2016.

environnement affectif et verbal organise un nouveau monde fortement représenté et intimement ressenti.

Quand on va au théâtre ou au cinéma, on a beau savoir qu'il s'agit de comédiens dont l'image apparaît sur un écran, on ne peut s'empêcher de réagir à cet artifice tellement puissant qu'il nous fait pleurer, rire ou nous indigner. Notre développement neurologique et affectif nous permet d'échapper aux contraintes du corps pour accéder au monde des virtualités. Dès que nous habitons ces représentations (au sens théâtral du terme), elles modifient le fonctionnement de notre cerveau et son retentissement corporel. C'est peut-être ce qui explique qu'un enfant au cerveau fortement altéré, un encéphalopathe, ne peut pas avoir le souci de Dieu puisqu'il ne peut que répondre aux stimulations du contexte. À l'inverse, quand un enfant au cerveau sain souffre en se développant dans des conditions adverses, il est soulagé et dynamisé quand il croit en un Dieu qui sécurise, remonte l'estime de soi et indique la direction du bonheur.

Dans toute existence, la peur est inévitable et probablement nécessaire. Sans peur, nous prendrions des risques non calculés, nous ne verrions pas le danger, ce qui augmenterait notre probabilité d'élimination. La peur est un facteur de survie, mais la frayeur qui stimule l'amygdale rhinencéphalique est fortement connectée aux circuits limbiques de la mémoire. Cela explique qu'un enfant bien entouré et bien sécurisé peut quand même avoir des cauchemars parce qu'il a dû trop s'éloigner de sa mère, être surpris par l'aboiement d'un chien ou effrayé par un événement étrange. Le stimulus effrayant, tracé dans son système limbique, peut faire retour la nuit sous forme de cauchemar. Cette hypothèse pourrait-elle expliquer l'hypermémoire des syndromes psychotraumatiques où l'effroi revient la nuit sous forme d'images torturantes ? Une mémoire figée renforce la représentation de « fantômes, monstres, trolls et sorcières » qui fonctionnent comme des objets diaboliques plutôt que comme des substituts d'attachement[5]. Les représentations du monde plantées dans l'âme des enfants viennent de ses relations, sécurisantes ou inquiétantes. La pensée binaire est au départ de toute aventure intellectuelle : le connu contre l'inconnu, le gentil contre le méchant, le Diable contre le bon Dieu. En devenant adulte, on relativise ce « couple d'opposés », mais il en reste toujours une trace au fond de notre inconscient.

Les enfants échappent aux pressions parentales plus tôt que ce que l'on croyait. Dès l'âge de 6 ans, ils vont chercher auprès de compagnons les événements et relations qui marquent leur mémoire et participent à la construction de leur personnalité. Les enfants craintifs évitent les rencontres facilement effrayantes et même ceux qui sont épanouis subissent quelques inévitables moments de détresse au cours desquels ils réactivent la mémoire de l'attachement. Ils reviennent aux sources en retrouvant imaginairement la base de sécurité contre laquelle ils se blottissaient pour s'apaiser. C'est pourquoi, lorsque les compagnons, l'école et le quartier parlent du même Dieu que celui de sa famille et partagent

---

5. Saroglou V. (dir.), *Psychologie de la religion*, op. cit., p. 214.

les mêmes rituels, l'apprentissage de cette déité solidifie le groupe. Chaque membre de la collectivité, en devenant familier, presque intime, prend un effet tranquillisant. La mère et le foyer gardent un attachement privilégié, mais d'autres liens, extérieurs à la famille, aident l'enfant à poursuivre son épanouissement. Les enfants sans famille qui ne disposent pas de ces tuteurs de développement se sentent toujours seuls, même au cœur de la foule. Mais quand l'organisation sociale leur propose des substituts émotionnels et institutionnels, ils parviennent à reprendre un nouveau développement. Les tuteurs de développement sont disposés autour de l'enfant par une famille et une culture en paix, alors que les tuteurs de résilience, surinvestis par l'enfant qui a subi un manque, auraient été secondaires s'il n'y avait pas eu de blessure[6].

L'enfant sain, bien enveloppé par sa famille et sa culture, passe par une période biologiquement sensible, hyperréceptrice, où il peut apprendre Dieu à toute allure. Dès qu'il parle (dès la troisième année) et accède à la représentation du temps et de la mort (entre 6 et 8 ans), il peut partager le Dieu de ses parents. Il leur fait une déclaration d'amour, en se blottissant dans leur monde mental comme il s'est blotti dans leurs bras. Cette niche mentale affective devient pour lui un étayage où, parfaitement sécurisé, il acquiert une certitude, une confiance en lui qui le dynamise. Mais quand un fracas de l'existence a privé le petit d'un tel étayage,

---

6. Cyrulnik B., Delage M., « Tuteurs de résilience », *Sciences Psy*, 2016, 8, p. 116-120.

le manque de sécurité exacerbe le besoin d'un personnage qui pourrait assumer cette fonction. Lorsqu'un substitut maternel ou institutionnel se charge de cette fonction, l'enfant attribue à ce tuteur de résilience une importance si grande qu'il donne trop de poids à l'attachement[7], ce qui rend le lien parfois très lourd. Le couple d'opposés « séparation-retrouvailles » a du mal à se mettre en place mais, lorsque le lien devient supportable parce que l'attachement s'est bien tissé, le processus de résilience se développe facilement. L'enfant prend la religion de ceux à qui il s'attache, comme on l'a vu pendant la Seconde Guerre mondiale, chez les enfants juifs cachés chez des Chrétiens qui, à la Libération, ne voulaient pas redevenir Juifs.

Quand le substitut ne sécurise pas l'enfant, ou quand l'institution l'écrase au lieu de le tutoriser, l'enfant apprend à haïr le Dieu de ses gardiens. Il arrive que certaines familles ou certains établissements abandonnent l'enfant dans un désert de sens. Dans ce cas, le petit n'a aucun Dieu à découvrir puisque, privé d'altérité, il devient autocentré. Est-ce à dire que le Dieu qui nous habite provient du monde mental de ceux qu'on aime ?

Ce constat pose un problème théorique : une déité ne peut s'implanter dans l'âme d'un enfant que si le développement de son cerveau l'a rendu capable de remplir un monde invisible avec des représentations venues des autres. L'implant ne peut se faire que dans le cadre d'une relation affective. Ce sentiment d'appartenance

---

7. Cyrulnik B., « De l'empreinte amoureuse au tranquille attachement », *in Sous le signe du lien*, Paris, Hachette, « Pluriel », 2010, p. 166-204.

est eutrophique : « J'aime mes parents et pour partager le Dieu qu'ils me présentent, il suffit d'effectuer, comme un jeu très sérieux, les rituels qui le rendent présent. » En faisant ainsi, Dieu n'est que du bonheur.

Quand l'enfant est désespéré, cette relation affective devient compensatoire : « Je suis seul au monde, abandonné, je ne me sens bien qu'à l'église où tout est organisé pour rencontrer Dieu. » Dans ce cas, c'est le besoin qui active l'attachement à Dieu. Les entités divines sont des images, même dans les religions où l'on n'a pas le droit de les représenter. Les très belles mosquées, les écussons noirs où sont dessinées des sourates dorées, les synagogues rutilantes sont mises là pour représenter l'irreprésentable. Ce sont des lieux où la rencontre affectueuse, la fête ou le désespoir appellent à Dieu. On s'accroche à Lui, on l'évoque à chaque geste, à chaque mot, luttant ainsi contre le désenchantement. Les incroyants font l'effet d'agresseurs puisque leur simple existence expose au doute qui empêche d'aimer ce Dieu thérapeute dont les désespérés ont le plus grand besoin. Le doute amoindrit la force de croire et risque de laisser revenir le malheur.

CHAPITRE 8

LA THÉORIE DE L'ESPRIT :
LIRE DANS L'ÂME DES AUTRES

Certains n'ont pas accès à Dieu parce que leur cerveau abîmé par une maladie ou par un isolement précoce ne leur donne pas accès à la représentation d'un monde invisible. Les encéphalopathes prisonniers de l'immédiat ne peuvent pas se représenter ce qui se passe dans le monde d'un autre, donc ils ne peuvent pas partager ses croyances. Ils peuvent s'attacher à un autre sécurisant, mais ils ne peuvent pas imaginer ce qu'il croit.

Les sans-dieu, sans amour ni hostilité pour la déité, ont trouvé d'autres moyens pour se sécuriser, explorer des mondes mentaux différents et respecter les règles sociales. Les athées ont une croyance puisqu'ils croient que Dieu n'existe pas, tandis que les agnostiques pensent qu'on ne peut pas savoir. Quand nos représentations sont alimentées par des perceptions, les figures ne sont pas coupées du réel. Mais au fur et à mesure que les informations s'éloignent, on saisit de moins en moins les références au réel, jusqu'au moment où l'on ne parvient plus qu'à appréhender ce qui est au-delà de toute expérience éprouvée. L'abstraction à ce niveau côtoie le délire, au sens non psychotique du terme : « hors du sillon terrestre ».

Les études scientifiques sur la « théorie de l'esprit » rendent observable et expérimentable comment un être vivant répond à des représentations de plus en plus éloignées. Il peut se contenter de l'image perçue et dire qu'il s'agit du réel. À condition d'oublier que cette image est déjà une fantastique réduction, une sélection d'informations agencées pour en faire une représentation cohérente. Nous ne prenons conscience de presque rien du réel, rien des infinités d'atomes et rien des pressions qui organisent l'univers. Nous ne mettons en conscience que presque rien des informations que nous percevons pour rester en vie. Notre corps et notre cerveau traitent toutes ces informations (respirer, lutter contre l'attraction terrestre, réguler la température) en deçà de toute conscience. Les quelques informations extraites du réel par nos organes des sens sont agencées par notre cerveau pour en faire une représentation que nous appelons « réalité ». La réalité est vraie, comme sont vraies les chimères : les pattes sont d'un lion, le ventre d'un taureau, les ailes sont d'un aigle. Tout est vrai dans cet animal qui est imaginaire. « La conscience [...] amène à s'interroger sur le monde qui nous entoure [...] à se questionner sur notre raison d'exister, la spiritualité en somme[1]. » Ce presque rien remplit notre

---
1. Agid Y., *L'Homme subconscient. Le cerveau et ses erreurs*, Paris, Robert Laffont, 2013, p. 42.

vie intérieure, ses doutes, ses peines et ses espoirs que certains appellent « âme ».

La parole est le véhicule de l'âme, mais que désigne-t-elle quand notre cerveau ne parvient plus à appréhender ce qui est au-delà de l'expérience éprouvée ? Peut-être désigne-t-elle un monde invisible que certains ressentent comme une évidence, une soudaine sensation corporelle, la révélation que Dieu existe.

Notre organisme, au cours de son développement, parvient à traiter des informations de plus en plus éloignées. L'embryon traite des signaux physico-chimiques, le fœtus répond aux mouvements de sa mère, aux basses fréquences de sa voix et aux bruits extérieurs. Dès sa naissance, le nourrisson perçoit la brillance des yeux et leurs saccades. À partir du deuxième mois, il reconnaît le visage de sa mère, puis celui de son père[2]. Quand la parole apparaît au cours de la troisième année, la sonorité verbale représente un objet qui progressivement s'éloigne. Vers la septième année, c'est un récit qui provoque des émotions : on pleure parce qu'on nous raconte que maman a eu une enfance malheureuse, on éprouve l'angoisse du vide quand on pense qu'il n'y a rien après la mort, comme un immense gouffre. La parole possède un tel pouvoir d'éloigner les représentations qu'elle élargit le monde mental. D'abord elle désigne les objets du contexte, puis ceux qui ne sont pas là mais dont on sait qu'ils existent ailleurs, puis elle désigne un monde invisible rempli de représentations. Au-delà de l'expérience sensorielle, elle fait exister un

---

2. Cyrulnik B., *Sous le signe du lien*, op. cit.

monde qui, même lorsqu'il est coupé du réel, provoque d'intenses émotions. C'est le pouvoir de l'imaginaire qui nous fait pleurer au théâtre, ou nous bouleverse quand nous lisons un roman. Mais c'est aussi le monde du délire qui, finalement, est l'aboutissement logique du pouvoir des mots. Puisque nos récits peuvent faire vivre un monde réellement ressenti alors que le réel n'est pas là, l'implicite du mot mène au délire, ce qui est une preuve de bon développement. Jusqu'à l'âge de 4 ans, l'enfant répond à ce qu'il perçoit sans se préoccuper de ce que perçoivent les autres. C'est l'âge de l'assertivité, de la conviction absolue, de l'affirmation sans réserve qu'un seul monde existe, le sien qui est la vérité. Ce n'est qu'avec la découverte du monde mental des autres que l'expérience relativise ce savoir.

Vers l'âge de 5 ans, quand l'empathie s'est développée, l'enfant devient capable de se décentrer de ses propres croyances pour envisager que d'autres aient d'autres croyances. À 8 ans, le processus est abouti : il devient capable d'imaginer ce que l'autre imagine. À 12 ans, il explique cette divergence par la différence des personnalités. Un grand nombre d'adultes continue à croire qu'il n'y a qu'une seule vérité : la leur. Pour eux, toute autre croyance est une mécréance.

L'aventure de l'« attribution d'un état mental à un autre » résulte de l'observation éthologique des chimpanzés[3]. Le *grooming*, malencontreusement traduit par « épouillage », consiste à lustrer la fourrure d'un singe

---

3. Plooij F. X., « Some basic traits of language in wild chimpanzees », *in* A. Lock (dir.), *Action, Gesture and Symbol*, New York, Academic Press, 1978.

de sa tribu. Ce toilettage est important car, lorsque les poils sont bien lissés, ils font une sorte de doudoune qui protège des infections. Seuls se font toiletter les singes qui savent se socialiser. L'apprentissage des relations avec ses proches se développe au gré de la maturation du système nerveux du petit et des interactions avec sa mère.

Entre 2 et 4 mois, les bébés se mettent en posture de toilettage devant leur mère, même si elle regarde ailleurs ou s'occupe à autre chose. Ce n'est que vers le dixième mois que le petit attend, observe sa mère et, dès qu'il voit qu'elle le voit, prend la posture de toilettage en plaçant son dos devant elle. Ce scénario comportemental fait comprendre qu'il faut un certain degré de maturation physiologique pour que le petit quête des indices sur le corps de sa figure d'attachement. Dès qu'il les recueille, il adapte son propre corps en anticipant le toilettage maternel. À ce niveau de psychisme, on ne peut pas parler d'attribution de croyances, mais on peut affirmer que le petit a appris à traiter les informations émises par la posture maternelle signifiante : « Quand elle est dans cette posture, elle pourra me toiletter. » Il s'agit d'une attribution d'intention, et non pas de croyance.

À la même date, deux autres primatologues se sont demandé si les chimpanzés avaient une « théorie de l'esprit[4] ». Le choix du mot « théorie » est déjà une interprétation du fait, puisqu'il s'agit de contempler une

---

4. Premack M., Woodruff G., « Does the chimpanzee have a theory of mind ? », *Behavioral and Brain Sciences*, 1978, 1 (4), p. 515-526.

scène de théâtre (*thea* = « spectacle ») et d'en extraire une observation (*oros* = « qui observe »).

Dans une expérience troublante, un scientifique rentre dans un enclos réservé aux chimpanzés. Les animaux méfiants se tiennent à distance, ils s'intéressent au chercheur quand il se dirige vers un coffre d'où il sort des bananes et des raisins secs. Le troisième jour, dès qu'il entre dans l'enclos, les singes se précipitent vers le coffre. Il revient le quatrième jour, avec un bandeau autour des yeux. Ce jour-là les singes ont des réactions différentes : certains se mettent à gémir en se mettant les mains sur la tête, d'autres poussent et tirent le chercheur vers le coffre, et quelques-uns cherchent à lui enlever le bandeau comme si, capables d'empathie, ils avaient pensé : « Avec un bandeau sur les yeux, il ne pourra pas trouver le coffre[5]. » Le même bandeau sur la bouche ou sur le front ne provoque pas les mêmes réactions. Les chimpanzés se sont mis à la place de l'homme qui ne peut pas voir. Ils ont compris préverbalement, ils ont extrait cognitivement quelques informations qui leur ont permis de se représenter le monde d'un autre.

Chez les êtres humains, la parole décontextualise beaucoup plus les informations. Les sentiments sont provoqués par un récit, c'est la représentation verbale d'un événement qui provoque une colère pour un événement survenu il y a mille ans : « Les Arabes ont volé le tombeau du Christ. » Cet énoncé a provoqué l'indignation

---

5. Premack D., « Does the chimpanzee have a theory of mind ? », *in* R. Byrne, A. Whitten (dir.), *Machiavellian Intelligence : Social Expertise and the Evolution of Intellect in Monkeys, Apes, and Humans*, Oxford, Clarendon Press Series, « Oxford Science Publication », 1989, p. 160-179.

de foules et légitimé la première croisade (1096). De même, c'est un événement qui surviendra plus tard, inexorablement, qui provoque notre angoisse : « Je vais mourir, un jour. » L'aptitude cérébrale à décontextualiser de plus en plus les informations mène à projeter dans l'avenir imperçu les traces mnésiques du passé perçu. Nous répondons au scénario que nous imaginons, mais ce que nous imaginons est un agencement de nos expériences passées.

Un enfant maltraité chez lui s'adapte aux coups et aux mots maltraitants de ses parents par des réponses comportementales de protection qui s'inscrivent dans sa mémoire. Quand un tel enfant est confié à une famille d'accueil, il s'attend à ce que ce nouveau foyer manifeste des comportements analogues à ceux de ses parents. Il se protège, les fuit ou les affronte, alors que cette famille ne l'agresse pas du tout. Le comportement de l'enfant est adapté au passé inscrit dans sa mémoire, mais inadapté à son nouveau contexte familial. Il répond à ce qu'il attend, par des réactions acquises lors de la maltraitance passée[6].

Vers l'âge de 7 ans, quand sa maturation cérébrale lui donne accès à la représentation du temps, l'enfant qui a déjà vécu de nombreuses expériences s'attend à vivre des expériences analogues après sa mort : « Quand j'étais gentil et obéissant, mes parents ont été adorables. Quand j'ai fait des bêtises, ils se sont fâchés. » Quand

---

6. Bretherton J., Munholland K. A., « Internal working model in attachment relationship : A construct revisited », *in* J. Cassidy, P. R. Shaver (dir.), *Handbook of Attachment, op. cit.*, p. 89-111.

l'enfant entend autour de lui un récit culturel qui donne forme à ce qui se passera après la mort – « si tu as bien obéi aux préceptes divins, tu iras au Paradis, mais si tu as péché, tu iras en Enfer » –, il est préparé à le croire.

Un chimpanzé n'est pas sensible à un tel récit. Pourtant, il lui arrive de casser une branche, de l'effeuiller pour en faire une longue tige qu'il traîne pendant plusieurs kilomètres avant d'arriver à une termitière. Il enfile alors soigneusement sa « canne à pêche » dans une fente de la paroi, attend sans bouger et la ressort délicatement pour déguster les termites qui se sont collés dessus[7]. Cet animal a répondu à des informations totalement absentes du contexte. En fabricant un outil, en le transportant pendant des heures afin de se procurer un plaisir, il a répondu à un concept opératoire. Il ne vivait pas seulement dans le monde des adaptations réflexes, il habitait déjà un monde d'informations passées et à venir. Ses représentations n'étaient pas verbales mais, avec des images convenablement agencées, il a pu comprendre une foule d'expériences passées et planifier une action à venir. Il y a donc une gradation entre les animaux qui survivent en s'adaptant aux besoins immédiats et les êtres vivants qui savent élaborer une représentation d'images.

Nos enfants connaissent un tel développement. D'abord, ils ne perçoivent que la présence sensorielle des autres. Quelques mois plus tard, ils deviennent capables d'attribuer des intentions à leur figure

---
7. Eibl-Eibesfeldt I., *Éthologie. Biologie du comportement*, Paris, Naturalia et Biologia, 1972.

d'attachement : « Quand maman fronce le sourcil, je sais qu'elle va se fâcher... Quand elle s'approche en souriant, je comprends qu'elle désire m'embrasser... » Ce n'est qu'en arrivant à l'âge des récits que l'enfant devient capable de se représenter les représentations d'un autre et de lui attribuer une croyance. Il aime partager un projet imaginaire énoncé par une figure d'attachement, mais il se crispe quand quelqu'un exprime une croyance différente de la sienne. Pour accepter l'altérité il faut se penser soi-même comme à nul autre pareil, il faut se sentir fort et personnalisé pour supporter une différence.

CHAPITRE 9

COMMENT SERAIT LE MONDE
SI ON N'AVAIT PAS DE MOTS POUR LE VOIR

Le cheminement vers l'abstraction part du sensoriel et prend forme progressivement sous l'effet de la double contrainte de la maturation cérébrale pétrie par les pressions du milieu.

Les chiens comprennent nos mots, ils aiment qu'on leur parle. Mais les mots agissent-ils de la même manière sur leur monde mental que chez un petit humain ? Chaque été, je vais passer quelques jours en montagne, dans le chalet d'un ami qui a deux magnifiques setters irlandais. Il donne le signal de la marche en montagne par un sonore « On y va ! ». Les chiens démarrent comme pour un 100 mètres aux jeux Olympiques, foncent vers la porte et alternent leur regard, vers la poignée, puis vers le maître qui se lève et met sa casquette. Comme j'essaie d'avoir un esprit expérimental, le lendemain, mon ami était encore dans son fauteuil quand j'ai placé sa casquette sur sa tête. Les chiens se sont dressés, prêts au sprint, mais ont à peine regardé la poignée de la porte. Le jour suivant, j'ai placé sur la tête de mon ami le livre *L'Âge des foules*, que j'étais en train de lire. Les chiens, aussitôt, se sont levés, attentifs à ce qui était pour eux un signal de sortie. Ils répondaient à une trace inscrite dans leur mémoire qui présageait un événement à venir : « Quand notre maître se met quelque chose sur la tête, on peut s'attendre à ce qu'il ouvre la porte. » J'en ai conclu que les chiens répondent à un signal de fête, et non pas au contenu du livre de Moscovici[1] que j'avais placé sur la tête de mon ami. Mais quand il a articulé « On y va », les chiens ont acquis la certitude de l'événement à venir.

En fait, ils ont plutôt entendu « Oniva ». C'est la prosodie, la musique des mots, qui annonce la fête à venir[2]. Un enfant dans la même situation entend « on y va », c'est-à-dire la promenade à venir et la manière de se promener, annoncée par la double articulation : « on » = ensemble ; « y » = là-bas ; « va » = marchons. Les chiens entendent « Oniva », signal sonore qui annonce la fête, ce qui, sur le plan intellectuel, est déjà une bonne performance. Alors que nos enfants, dès le dixième-quinzième mois, avant de maîtriser leurs propres paroles, entendent une double articulation qui annonce que la fête se prépare en groupe.

Quelques années plus tard, nos enfants découvrent qu'un adulte peut dire « on y va » et ne pas y aller. Comme ils savent eux-mêmes inventer des jeux de fiction

---

1. Moscovici S., *L'Âge des foules*, Paris, Fayard, 2005.
2. Povinelli D. J., Eddy T. J., Hobson R. P., Tomasello M., « What young chimpanzees know about seing », *Monogr. Soc. Res. Child Dev.*, 1996, 61 (3), p. 1-152.

(« je serais la maman... tu serais le gendarme... »), ils découvrent qu'il est possible de modifier le monde mental d'un autre en inventant un scénario comportemental et verbal. Ils comprennent alors que l'autre peut habiter un monde de croyances, alimenté par de fausses croyances sans rapport avec le réel[3]. Ces croyances sont extravagantes, elles « extra-vaguent », elles ne flottent plus sur l'eau, elles sont proches du délire qui sort du sillon de la terre (*de-lirare*). Grâce à un simple récit et un peu de talent, on peut créer un autre monde tellement éloigné de la réalité sensible qu'il devient logiquement délirant. L'implicite des mots nous mène au délire quand on les laisse faire. La parole possède un tel pouvoir d'abstraction qu'on peut répondre en toute bonne foi à des récits coupés du réel.

Une théorie désigne un système de concepts abstraits. Au départ, cette connaissance spéculative est alimentée par des perceptions réelles de gestes, de cris, de postures et de mots qui composent un scénario. Comme au cinéma, ce qu'on voit sur l'écran donne à penser ce qu'on ne voit pas. Je perçois sur l'écran le regard intense de l'Indien qui chasse le bison que je ne vois pas. Le chimpanzé, le bébé humain, le spectateur d'un film perçoivent des indices qui révèlent un segment du monde mental de l'autre. Puis le pouvoir extravagant des mots entraîne ceux qui parlent à composer des théories qui s'opposent à d'autres théories, ce qui finit par construire un monde mental qui dérive au loin de tout monde sensible.

---

3. Csibra G., Southgate V., « Evidence for infants' understanding of false beliefs should not be dismissed », *Trends Cogn. Sci.*, 2006, 10 (1), p. 4-5.

Mon chat adore les écrivains et les mourants. En fait, ce qu'il aime, ce sont des masses chaudes et calmes, contre lesquelles il pourra s'endormir voluptueusement. C'est nous, adultes, qui nommons ces masses paisibles et chaudes « écrivains » ou « mourants », ce qui n'existe pas dans le monde des chats. Mon chat ne peut pas se représenter le monde de croyances de l'écrivain ou du mourant. Peut-il se dire : « Je vais me blottir contre le corps de ce mourant pour calmer ses angoisses » ? Peut-il se représenter les représentations abstraites de celui qui va mourir ? Un chat noir peut-il souffrir de la couleur de ses poils en pensant : « Je crois qu'il croit que les chats noirs ont été brûlés au feu de l'Enfer. C'est pour ça qu'il est raciste et déteste les chats noirs » ? L'animal perçoit des indices corporels de peur qui révèlent la haine de l'homme qui pense qu'un chat noir est un représentant du Diable, mais il ne peut pas se représenter la croyance de cet homme effrayé par l'Enfer.

La double articulation, elle, donne accès aux fausses croyances et aux délires. Si je dis à mon chien : « Tu es mon bâtard adoré », il va remuer la queue parce qu'il aime que je lui parle. Mais si je disais la même phrase avec la même douce voix à un enfant, il serait bouleversé par l'énoncé qui lui révélerait qu'il n'est pas l'enfant de celui qu'il croyait être son père.

Un grand nombre d'animaux ont accès à une forme de théorie de l'esprit. Les oiseaux et les mammifères peuvent décoder les intentions et les désirs d'un autre. Pour eux, un récit est un long flux verbal, une durable prosodie et non pas une épopée ou une histoire d'amour. Ils peuvent réagir à l'expression de notre affection ou de notre hostilité, mais ils ne peuvent pas s'indigner parce qu'on a volé le tombeau du Christ ou se demander quelle sera leur vie après la mort. Nous, êtres humains, grâce à notre cerveau décontextualisateur et grâce au pouvoir extravagant de nos mots, nous remplissons notre vie psychique avec de telles représentations, nous nous soucions de métaphysique. C'est là que la religiosité émerge comme une conséquence de nos facultés cognitives[4].

Toutes les religions croient en une force surnaturelle. Les croyants ressentent la soudaine révélation qu'une force existe en dehors de la matérialité des perceptions. Pour eux, c'est une expérience sensible, immatérielle : « Dieu existe, je le sais. » À partir de cette évidence le croyant, quelle que soit sa religion, construit un récit sur l'origine du monde, l'ordre de l'univers et la vie après la mort. Les archéologues fournissent des récits de l'origine du monde, les astronomes racontent un univers incroyable où la poésie se mêle aux mathématiques et les artistes comblent la perte de la vie avec des sépultures, des cathédrales, des peintures, des romans ou des essais philosophiques. Puis les croyants remplissent ce vide par des représentations d'éternité : « La force surnaturelle qui a créé le monde avant notre naissance nous fera vivre dans un autre monde après notre mort. »

L'enfance est une période particulièrement sensible à la spiritualité dès que nous devenons capables

---

4. Atran S., Norenzayan A., « Religion's evolutionary landscape : Counterintuition, commitment, compassion, communion », *Behavioral and Brain Science*, 2004, 27 (6), p. 713-770.

d'habiter un monde de récits. Quand une histoire métaphysique nous est racontée par ceux qui nous protègent, le monde devient cohérent, il nous suffit d'apprendre comment il faut y vivre. La religion assume cette éducation en nous imposant un éthos, une hiérarchie des valeurs et des conduites à tenir. Elle nous offre des lieux artistiques où nous nous entraînons à renforcer les liens de protection et de transcendance : prières familiales, fêtes religieuses, à la maison ou dans des bâtiments que l'on appelle temples, chapelles, mosquées ou cathédrales. La représentation mentale de Dieu devient vivante lors de ces rituels où l'on donne rendez-vous à nos proches et à nos voisins de village pour parler à Dieu, chanter ses louanges, le remercier, ou le supplier de nous aider. Dieu n'est plus une représentation abstraite puisque nous savons le rendre vivant grâce à la perception d'objets, de vêtements, de postures, de chants et d'encens qui le rendent présent.

Les enfants, qui ont eu des amis invisibles à l'époque où ils commençaient à parler, acceptent sans difficulté la présence d'une force surnaturelle invisible. Ils ne confondent pas le réel et l'imaginaire, ils savent très tôt distinguer la fiction et la réalité d'un Dieu invisible. Ils savent aussi, en bons petits dualistes, accepter la mort biologique et la survie de l'âme, ils pourront donc devenir en même temps scientifiques et religieux sans la moindre contradiction. Ils pourront étudier la biologie périssable des corps et attribuer à Dieu son pouvoir thérapeutique (« je me sens bien à l'église »), sa proximité (« je lui parle quand je veux »), et son omniprésence (« il est toujours là »).

Très tôt, les enfants apprennent à supporter le départ de leur mère, en la remplaçant par un chiffon, un nounours ou un dessin qui la représente. Cette œuvre d'art, cet « objet transitionnel » est un substitut d'attachement efficace pour un enfant sécure. Le même processus sera renforcé par la création de lieux et d'objets rituels représentant le Dieu invisible qui possède un pouvoir tranquillisant. Est-ce à dire qu'on s'attache à Dieu comme on s'attache à ses parents ? Il est un fait que lorsqu'on montre à des enfants âgés de 5 à 7 ans des images d'un petit malade à l'hôpital et qu'on leur demande : « Qui va l'aider ? », ceux qui ont acquis un attachement sécure répondent que Dieu, les parents et les docteurs vont le soigner. Alors que les enfants insécures imaginent une aide de Dieu incertaine[5].

---

5. Granqvist P., Ljundahl C., Dickie J. R., « God is nowhere, God is now here : Attachment activation, security of attachment (SAT), and God's perceived closeness among 5-7-year-old children from religious and non-religious homes », *Attachment and Human Development*, 2007, 9 (1), p. 55-71.

CHAPITRE 10

QUAND LE MONDE CHANGE DE GOÛT

N'oublions pas qu'il y a plusieurs manières de rencontrer Dieu. Dans une situation de perte douloureuse, l'activation de l'attachement est intense parce que le petit abandonné ressent un intense besoin de rencontrer une présence ou une représentation sécurisante. Alors il se rend dans une église pour prendre rendez-vous avec cet Invisible, en s'agenouillant ou en inventant une prière. Les enfants pensent à Dieu quand la famille et la culture organisent des rendez-vous divins, mais aussi quand ils se sentent abandonnés et qu'ils l'appellent pour supporter le désespoir de vivre dans un désert affectif.

Ayant acquis un goût du monde, une manière de s'attacher aux personnes, aux objets et aux lieux, l'enfant généralise son style affectif et aime Dieu comme il a appris à aimer : celui qui a acquis un attachement distant aimera Dieu d'une manière peu expressive ; celui qui est structuré par un attachement ambivalent alternera des manifestations de ferveur et d'hostilité envers Dieu ; et l'enfant sécure aimera Dieu de manière paisible.

Devant le miracle d'être en vie, les enfants éprouvent un sentiment de spiritualité dès qu'ils ont accès à une théorie de l'esprit. Ils apprendront la religiosité sous la pression du modèle parental et des codes sociaux. Ce cheminement de la pensée, lié à l'affectivité, explique pourquoi le créationnisme est la théorie la plus accessible pour un croyant. Quand on démarre une aventure intellectuelle par la spiritualité, il paraît évident que le monde vivant est le fruit d'une création surnaturelle. Pour penser l'évolution, il faut avoir acquis une expérience de la vie, il faut s'être heurté aux incertitudes du réel et aux infinies variétés des existences.

Dieu ne tombe pas du ciel, il s'enracine dans une relation affective structurée par des récits d'alentour, familiaux et culturels. C'est cette convergence qui explique pourquoi le simple fait de penser à Dieu crée un étonnant sentiment d'intimité[1]. Un questionnaire d'attachement proposé à des jeunes Finlandais âgés de 7 à 20 ans a confirmé que le sentiment de proximité avec Dieu, en cas de danger, de maladie ou de perte, activait le besoin d'attachement et l'élan vers Dieu[2]. Alors vous pensez bien qu'en cas de grand malheur les supplications sont intenses et quand on en réchappe, la moindre gratitude consiste à peindre un ex-voto ou à donner un peu d'argent au denier du culte.

---

1. Eshleman A. K., Dickie J. R., Merasco D. R., Shepard A., Johnson M., « Mother God, father God : Children's perceptions of God's distance », *The International Journal for the Psychology of Religion*, 1999, 9 (2), p. 139-146.
2. Tamminen K., « Religious experiences in childhood and adolescence : A viewpoint of religions development between the ages of 7 and 20 », *The International Journal for the Psychology of Religion*, 1994, 4 (2), p. 61-85.

Lorsque la séparation est associée à l'espoir des retrouvailles, cette tension affective provoque un rebond d'attachement, mais lorsque la séparation provoque une déchirure, il n'est plus possible d'activer l'attachement, c'est une perte et rien de plus. Or l'adolescence est un moment où nous devons nous séparer de ceux le long desquels nous nous sommes construits. L'apparition du désir sexuel et le besoin d'autonomie invitent les jeunes à transférer leur style affectif vers des compagnons de même âge ou vers des partenaires romantiques. Dans la majorité des cas, tout se passe bien, on garde un lien pour ses parents et on apprend à en tisser un autre avec le nouveau compagnon. Ce lien récent remanie l'ancien en y ajoutant la sexualité et l'aventure sociale[3]. Certains adolescents se cassent la figure quand le premier lien a été mal tissé ou quand la culture impose l'union sans tenir compte des personnalités.

Cela explique pourquoi l'adolescence est l'âge des changements de croyance et parfois des ruptures : « J'ai été élevée chez les bons pères, j'ai connu le cachot, les curés tripoteurs et les sœurs qui criaient "le Diable apparaît" en donnant des coups de règle sur mes seins naissants. J'avais 13 ans, ne me parlez plus de Dieu. » Une étudiante iranienne m'expliquait[4] : « Jusqu'à l'âge

---

3. Cyrulnik B., Delage M., Blein M.-N., Bourcet S., Dupays A., « Modification des styles d'attachement après le premier amour », *Annales médico-psychologiques*, 2007, 165 (3), p. 154-161.
4. Somaye Khajvandi, communication au séminaire « Langage totalitaire », université Paris-VII-Diderot, 7 décembre 2016. « À 17 ans, j'ai commencé à douter et à mettre en question les préceptes islamiques […]. Le Coran qui était pour moi le texte sacré est devenu un texte menaçant, hostile aux femmes […]. Je n'osais pas en parler dans ma famille où ça aurait été un acte blasphématoire. »

de 17 ans, j'ai cru qu'il était indécent de montrer ses cheveux. Je ne sortais que strictement voilée, jusqu'au jour où je me suis demandé où était l'obscénité. J'ai refusé de porter le voile. Ma mère m'a traitée de fille de mauvaise vie. »

C'est aussi l'âge des conversions soudaines : « Tout à coup j'ai su que Dieu existait et ce fut un immense bonheur. » Certains ados découvrent d'autres dieux, ce qui précipite le départ et déchire les liens. Le désir d'autonomie qui caractérise l'adolescence les invite à prendre des distances avec leurs parents et à dépendre plus de leurs compagnons. Il s'agit d'un transfert d'attachement, d'un virage existentiel, d'une nouvelle orientation dans l'existence. C'est l'âge des abstractions théoriques extrêmes – « Le capitalisme crée la schizophrénie. » – et des généralisations abusives – « Supprimons les interdits sexuels et les névroses disparaîtront. » C'est aussi l'âge des intensités spirituelles et des engagements religieux qui bouleversent l'ancienne relation à Dieu[5]. Ce tournant existentiel n'est pas toujours facile, il se passe bien dans la plupart des cas (70 %), mais crée un moment de vulnérabilité où 15 % des jeunes se cassent la figure[6]. Désemparés, ils s'engagent dans une secte ou un parti extrême qui profitent de leur désenchantement pour leur promettre monts et merveilles. Ayant besoin d'un cadre sécurisant et désirant vivre une épopée, ces jeunes sont des proies pour les pensées passionnées.

---

5. Hood R. W., Hill P. C., Spilka B., *The Psychology of Religion : An Empirical Approach*, New York, The Guilford Press, 2009.
6. Rufo M., Choquet M., *Regards croisés sur l'adolescence, son évolution, sa diversité*, Paris, Anne Carrière, 2007.

Une telle stratégie pour réguler la détresse révèle une défaillance culturelle. Même quand la famille a bien fait son boulot, même quand l'enfant a éprouvé le bonheur affectif de partager la religion de ses parents, l'adolescent peut rater ce virage quand la société ne dispose pas autour de lui quelques circuits sociaux et culturels qui auraient dû l'aider à devenir autonome et indépendant. Quand le scoutisme, les ONG, les études et le travail viennent à manquer, les sectes accourent pour prendre la place.

Dans cette population d'adolescents vulnérables, on note la fréquence des ruptures amoureuses et un fort pourcentage d'attachements insécures[7]. Les adolescents sécures accentuent la foi de leurs parents, alors que les insécures ont plutôt tendance à la contester. Parfois certains ados, bien entourés par leur famille et leur culture, ont tendance à devenir passifs et revendicateurs[8]. Ayant du mal à s'autonomiser, ils croient qu'un groupe extrême les aidera à s'extirper du cocon familial, alors ils se laissent prendre par un système sectaire dont ils auront du mal à se dégager.

Quand l'ado, bien développé, est entouré par une culture religieuse affirmée et ouverte à d'autres religions, il est heureux dans sa foi et intéressé par d'autres manières de croire. Mais quand son développement

---

7. Granqvist P., Hagekull B., « Longitudinal predictions of religious change in adolescence : Contributions from the interaction of attachment and relationship status », *Journal of Social and Personal Relationships*, 2003, 20 (6), p. 793-817.
8. Portes A., Rumbaut R., « The forging of a new America. Lessons for theory and policy », *in* R. Rumbaut, A. Portes (dir.), *Ethnicities : Children and Immigrants in America*, Los Angeles, University of California Press, 2001, p. 301-318.

l'a rendu vulnérable, il s'engage volontiers dans un dogme de fer, il se soumet en toute confiance à une croyance unique qui oriente vers le mépris des autres religions.

Avant la Seconde Guerre mondiale, il y avait en Allemagne une forte épidémie de croyances extatiques. Les ados s'engageaient furieusement dans les Jeunesses hitlériennes et balayaient souvent les doutes de leurs parents. Les enrôlements féminins en 1940 ont provoqué la fierté des 400 000 femmes recrutées comme infirmières. Mais quand l'armée allemande a connu ses premières défaites, 300 000 d'entre elles sont devenues combattantes. C'est en pleine euphorie que les étudiantes et les ouvrières partaient au front : « Pour moi, l'Allemagne est mon âme […] elle est ce que je dois avoir pour être heureuse[9]. » Quelques mois plus tard, après l'effondrement de l'Allemagne nazie, ces femmes étaient orientées vers des groupes de « dégrisement » (on ne disait pas « déradicalisation » à cette époque). Le mot désignait la fin de l'ivresse qui accompagne l'entrée dans une secte ou la récitation extatique d'une pensée extrême.

L'attachement dure tant que dure la vie, mais il prend des formes différentes selon le développement et les rencontres qui nous sculptent. L'objet auquel on s'attache révèle l'avide besoin qu'on a des autres. Le lien qui se tisse résulte de l'arrangement plus ou moins harmonieux entre les forces affectives associées et différentes, ce « qui sous-tend nombre de nos attachements

---

9. Pignot M., *L'Enfant-soldat, XIXe-XXIe siècle*, *op. cit.*, p. 96.

à une personne, un lieu, un souverain, une église[10] ». Au gré de nos rencontres et des événements se construit en nous un style affectif. C'est une force en mouvement, un élan vers l'autre qui nous oriente et infléchit notre manière d'aimer et d'établir nos relations[11]. Cette représentation de soi donne une forme visuelle et verbale à notre élan vers Dieu en termes d'attachement[12].

---

10. Bowlby J., « The growth of a dependence in the young child », *Royal Society of Health Journal*, 1956, 76, p. 587-591, ici p. 588.
11. Feeney J. A., « Adult romantic attachment and couple relationships », *in* J. Cassidy, P. R. Shaver (dir.), *Handbook of Attachment, op. cit.*, p. 355-376.
12. Kirkpatrick L. A., « Attachment and religious representations and behavior », *in* J. Cassidy, P. R. Shaver (dir.), *Handbook of Attachment, op. cit.*, p. 803-822.

CHAPITRE 11

FOI, IMAGE PARENTALE ET SÉCURITÉ

Le mot « attachement » choisi par Bowlby désigne un monde d'objets hétérogènes : la mère bien sûr, puis le père, quelques éléments de la fratrie, le chien, la nounou, le lycée, le quartier, le sac à main et Dieu ! Tout mot possède un halo de significations différentes qui provoquent en nous des sentiments différents. Une émotion modifie forcément le fonctionnement du cerveau et la sécrétion de substances neurobiologiques qui euphorisent (endorphines) ou mettent en alerte (adrénaline). Quelques objets mentaux provoquent des sentiments qui induisent certaines conduites : « J'éprouve pour ma mère un intense amour filial... J'exprime mon amour et ma crainte de Dieu qui me protège et me punit en cas de faute. »

Le monde mental d'un adulte est fortement préoccupé par deux thèmes : l'amour et le travail. L'amour d'un adulte l'oriente vers des objets différents. Il doit continuer à aimer ses parents, mais il doit aussi s'attacher à son conjoint en tissant un lien d'attachement modifié par les rencontres sexuelles. Il doit apprendre à aimer ses enfants qui se chargent d'une connotation affective différente selon leur sexe, leur signification et le moment de survenue dans la vie du couple. L'amour de Dieu chez les jeunes adultes constitue un puissant liant familial, un facteur d'intégration dans le village et une élévation de l'opinion de soi : « Je suis un vrai croyant, moi. Je suis moral, je respecte les règles. » Ce liant affectif explique la transmission des valeurs dans la continuité culturelle. À cet âge, il ne s'agit plus d'apprendre Dieu, il faut vivre avec lui. Les habitudes religieuses donnent sens au travail, aux efforts, à l'abandon des plaisirs immédiats pour mieux éprouver le bonheur de se consacrer à ceux qu'on aime. Une telle attitude relationnelle aide à prendre sa place parmi les familiers dont on partage le monde mental et qui peuvent nous secourir en cas de difficulté.

En devenant parent, la foi se modifie. Chaque parent influence l'autre, renforce ses croyances ou les atténue. Mais quand un couple se déchire, Dieu passe au second plan. Une de mes amies brésiliennes, en épousant un Juif, s'était convertie pour lui faire une déclaration d'amour. Mais quand le couple s'est séparé, elle a été étonnée de ne pas avoir à se « déconvertir ». « Je ne suis plus juive depuis notre divorce », me disait-elle, déconcertée.

En Occident, Dieu est une figure d'attachement. On dit « La Sainte Famille », on s'adresse à « Notre Père qui êtes aux cieux » d'où il voit tout, sait tout, protège et punit. Dans les églises, on le représente avec une barbe blanche qui prouve son expérience et une robe drapée qui lui donne dignité. Son fils aura donc une barbe noire et un corps musclé, tandis que Marie, la Vierge à l'Enfant, provoque des sentiments de tendre générosité et de pureté : « Toutes les femmes ont des relations sexuelles, sauf maman qui n'est pas une femme. »

Chez les Musulmans, Mahomet n'est pas le fils de Dieu, il est son prophète, comme Moïse. Dieu est tellement puissant qu'on ne peut pas imaginer sa force, terrible. Alors on baisse les yeux, on courbe l'échine, on se prosterne pour l'amadouer et, pour l'approcher, on demande au prophète de servir de médiateur.

En séparant la fonction parentale, qui protège quand on obéit, et la pensée qui invite au doute, on crée deux attitudes opposées : croire ou débattre. Quelle que soit la forme de Dieu, son image ou son impossible représentation, ses prophètes porte-parole, ses statues, ses peintures ou les signes abstraits qui le représentent, Dieu est toujours une force surnaturelle qui protège les humains, édicte un code de bonne conduite et donne des conseils parentaux : « Si tu fais ce que je dis, tu n'auras rien à craindre de la vie. » Une ordonnance souveraine possède un grand effet sécurisant.

Les sondages confirment la bonne relation que les croyants réalisent avec leur dieu. À la question : « La foi vous aide-t-elle dans la vie de tous les jours[1] ? », la majorité (55 %) répond : « C'est l'amour de Dieu et

---

1. Hugues P. J., *The Australian Clergy : Report from the Combines Churches Survey for Faith and Mission*, Melbourne (Australie), Accorn Press, 1989.

son soutien qui m'aide à planifier ma journée. » Quand on demande : « Avez-vous une relation personnelle avec Dieu[2] ? », une très forte majorité (75 %) affirme qu'elle s'adresse facilement à Dieu, pense souvent à Lui, et se demande quel serait son jugement chaque fois que le croyant a un choix de conduite.

Il semble que les polythéistes établissent avec leurs dieux des relations plus naturelles et moins métaphysiques. Ils cherchent à convaincre le dieu qui agit sur la pluie, celui qui donne de bonnes moissons ou rend fertiles la terre et les femmes. En agissant sur la nature, ces forces surnaturelles permettent de survivre confortablement. Nous, hommes naturels vivant parmi les animaux, sommes capables d'agir sur le dieu qui agit sur les éléments qui nous permettent de survivre. À cet effet les chamans connaissent les mots, les danses et les scénarios qui commandent aux dieux qui gouvernent la terre. C'est pourquoi les divinités grecques et indiennes se ressemblent. Elles ont le même pouvoir d'agir sur la nature et de se laisser séduire par les offrandes humaines, par leur soumission et leurs sacrifices.

Cette possibilité de contrôler les forces surnaturelles diminue l'angoisse de mort puisque le croyant sait ce qu'il faut faire pour survivre et se « métamorphoser » après la mort. Cette certitude donne aux croyants une personnalité claire et affirmée[3]. Dans cette optique,

---
2. Kirkpatrick L. A., Shaver P. R., « An attachment : Theoretical approach to romantic love and religions belief », *Personality and Social Psychology Bulletin*, 1992, 18 (3), p. 266-275.
3. Ventis W. L., « The relationship between religion and mental health », *Journal of Social Issues*, 1995, 51 (2), p. 33-48.

mourir n'est pas très important ; ce qui est grave, c'est de ne pas vivre selon les règles.

Le fait de se consacrer au groupe où chacun partage les mêmes croyances renforce les certitudes puisque ceux qu'on aime et qu'on admire affirment la même foi. Cette représentation est tellement sécurisante qu'elle renforce l'affection et la solidarité des membres du groupe : « On est tous frères. » Mais quand cet effet solidarisant se replie sur soi au point de se clôturer, ce groupe finit par ignorer toute autre communauté qui a d'autres croyances. Un tel groupe se transforme alors en clan et sa morale devient perverse : morale pour les gens de sa collectivité et perverse en ignorant l'existence du monde des autres : « Seul compte mon monde. » Quand on ne sait rien de ceux qui ne partagent pas nos croyances, on projette sur eux ce qui va mal en nous. Quand on se sent bien, on aime les découvrir, mais quand on se sent mal, on les charge de tous nos maux et la haine devient un poison de l'âme.

Dans un train, un matin, René Girard découvre sur son front un petit bouton qui saigne[4] : « Je vais mourir, c'est certain. » Quelques jours plus tard, quand la biopsie lui dit que ce bouton est bénin, il est persuadé que Dieu lui a envoyé un signe, un message qui disait : « Ta mort est imminente, tu n'as plus une seconde à perdre, tu dois être heureux près de moi à chaque instant. » « J'ai tout de suite compris, poursuit Girard, que si j'en réchappais, le souvenir de cette épreuve me soutiendrait ma vie durant, et c'est bien ce qui s'est

---

4. Girard R., *Quand les choses commenceront*, Paris, Arléa, 1996.

produit[5]. » La proximité de l'angoisse et de l'extase est en nous. Émotionnellement Dieu et la mort fonctionnent comme un couple d'opposés.

« Connaissez-vous le livre de Maurice Blanchot, *L'Instant de ma mort*, un livre de huit pages[6] ! » Un homme âgé de 87 ans sur le point de mourir écrit qu'il a déjà été mort en 1944. L'armée allemande est en pleine débâcle, c'est le moment où les soldats errants commettent les crimes de guerre. On frappe à sa porte. Un jeune lieutenant lui désigne un paquet d'armes destinées à la Résistance qu'il vient de découvrir dans la cave. Blanchot comprend qu'il va être fusillé. Il ressent alors un extraordinaire sentiment de légèreté, comme une béatitude. La rencontre avec la mort le libère de la vie, une euphorie presque. À ce moment, des coups de feu éclatent et Blanchot sait qu'il est mort. Le jeune officier lui dit : « Va-t'en ! » Blanchot s'enfuit et se cache pendant la bataille. Quand un silence de mort écrase la campagne, il sort de sa cache, quelques fermes brûlent, trois corps de paysans saignent sur le sol et Blanchot a honte de ne pas être mort. Le tourment de l'injustice torture le vieil homme : « Je dois ma vie à ma lâcheté… Je me suis caché pendant qu'ils se battaient… J'ai pactisé avec les Allemands, j'ai trahi mon idéal. » L'extase et l'angoisse se sont associées ; le sentiment d'avoir été mort et d'avoir survécu grâce à sa

---

5. Poncet E., « René Girard. Penseur de nos rivalités », *Psychologies*, janvier 2007, 369, p. 87-88.
6. Blanchot M., *L'Instant de ma mort*, Paris, Gallimard, « Blanche », 2002, *in* Briole G., « La mémoire, effacement du trauma, traumatisme de l'effacement », *Revue francophone du stress et du trauma*, 2006, 6 (3), p. 123-124.

trahison le pousse à se punir, à expier le crime de ne plus être mort.

Les valeurs culturelles sont imprégnées dans les réactions émotionnelles qui paraissent individuelles. Les Asiatiques ont du mal à penser le « soi ». Notre notion de « représentation de soi » leur pose un difficile problème. Ils se pensent spontanément comme des individus à l'intérieur d'un groupe plutôt qu'en tant que personnes qui se construisent en cheminant. Leurs bébés ne sont jamais seuls, ils dorment sur la natte familiale, vivent dans la pièce où le groupe s'affaire et quand la mère s'absente, la niche sensorielle du groupe qui entoure le bébé est à peine modifiée. Mais, dès que les enfants ont acquis un attachement sécure, les parents leur font comprendre qu'il est moral de consacrer sa force au groupe qui les a structurés.

En Occident, où la notion de personne prend une importance croissante depuis le XIIIe siècle[7], les parents qui ont sécurisé leur bébé le chargent de la mission de s'épanouir personnellement et de réussir socialement afin de les rendre fiers, eux qui lui ont tant donné.

En Asie, les adultes sécurisés dans un groupe où chacun sert de base de sécurité à son voisin ont moins besoin d'une relation constante avec un Dieu tout-puissant. Ils ont, comme tout le monde, des moments de vulnérabilité où ils prient pour solliciter l'aide surnaturelle, mais la structure des religions asiatiques n'a

---

7. Duby G., « Pouvoir privé, pouvoir public », *in* P. Ariès, G. Duby (dir.), *Histoire de la vie privée*, tome II : *De l'Europe féodale à la Renaissance*, Paris, Seuil, 1985, p. 19-44.

pas la rigidité des croyances occidentales : « On naît shintoïste quand on s'inscrit dans une filiation, on se marie chrétien, c'est tellement romantique, et on meurt bouddhiste pour penser à la métempsychose quand l'âme après la mort habite un autre corps[8]. » En s'exprimant ainsi, sous forme de boutade, ils témoignent de leur souplesse religieuse et de leur ambiguïté.

---

8. Masahiro Ayashi, communication personnelle, colloque « Résilience au Japon », Kyoto, 29 octobre-8 novembre 2015.

CHAPITRE 12

LE RÉVEIL DE LA FOI
AVEC L'ÂGE

Freud avait déjà dit que Dieu était une figure paternelle[1]. Les psychologues de la religion parlent plutôt aujourd'hui de figures d'attachement qui prennent des formes variables selon la religion, mais qui toutes ont pour fonction de sécuriser et de dynamiser. Or la vieillesse constitue un moment d'activation de l'attachement à Dieu. La mort qui s'avance, la perte de proches, la vulnérabilité physique et les maladies accentuent le besoin de protection. La représentation du temps s'inverse avec le grand âge. Quand on est enfant, le temps n'est qu'avenir, identification, rêves et espoir. Quand on est âgé, on ne peut qu'anticiper le passé, aller chercher dans son histoire les événements qui ont donné sens à notre vie. Et quand on anticipe l'avenir, on ne peut qu'imaginer la vie après la mort. On se rapproche du Dieu que l'on a fréquenté au cours de son enfance. Le retour de

---
1. Freud S., *L'Avenir d'une illusion* (1927), Paris, PUF, 1971.

l'attachement à Dieu réveille le style affectif que l'on avait acquis au contact de notre mère, de notre père, de notre fratrie et de nos amis. On éprouve un étonnant plaisir à retrouver le village où l'on marchait pieds nus ou l'immeuble du quartier où l'on traînait avec les copains.

L'attachement à Dieu témoigne de notre manière d'aimer le Dieu qu'aimaient nos parents. On l'a exalté ou contesté dans notre jeunesse, il nous a stabilisés à l'âge adulte[2]. Cet attachement flexible varie selon l'âge et les conditions sociales. À partir de 70 ans, l'attachement sécure diminue beaucoup (33 % chez les âgés, 66 % chez les enfants). L'attachement distant augmente fortement (52 % chez les âgés, 20 % chez les enfants). Seul l'attachement ambivalent demeure constant (15 %)[3]. Sagesse ou indifférence ? L'augmentation de l'attachement distant ne veut pas dire qu'on aime moins. Il témoigne simplement qu'on aime autrement. On ne se jette plus au cou de ceux qu'on aime, mais on y pense plus. Notre corps et nos mots expriment discrètement l'intensité de notre affection.

Le contexte culturel joue un rôle majeur dans l'évolution de l'attachement. Les Noirs américains âgés sont distants dans 83 % des cas, alors que les Blancs américains et les Noirs européens le sont pour 52 %[4]. Est-ce

---

2. Cicirelli V. G., « God as the ultimate attachment figure for older adults », *Attachment and Human Development*, 2004, 6 (4), p. 371-388.
3. Magai C., Hunziker J., Mesia S. W., Culver C., « Adult attachment styles and emotional biases », *International Journal of Behavioral Development*, 2000, 24 (3), p. 301-309.
4. Magai C., Cohen C., Milburn N., Thorpe R., McPherson R., Peralta D., « Attachment styles in older European, American and African American adults », *Journal of Gerontology, series b : Social Science*, 2001, 56B (1), p. S28-S35.

à dire que les conditions adverses que créent les préjugés ou les socialisations difficiles finissent par user les âmes ?

C'est bien la perte qui provoque un rebond d'attachement. La représentation de la mort qui approche modifie l'attachement des couples âgés, et la perte réelle quand on devient veuve ou veuf provoque un rebond d'attachement à Dieu[5]. L'imminence de la perte de la vie réactive la mémoire des gens et des lieux auxquels on a été attaché. On retrouve ses amis d'enfance, on se remémore les bêtises d'adolescents, on s'amuse des épreuves dont on a triomphé, on pleure en revoyant le film qui nous a fait pleurer et on retrouve l'émotion des chansons de nos 20 ans.

L'attachement au passé est tellement avivé qu'il n'est pas rare que les migrants qui ont vécu presque toute leur vie dans la langue du pays d'accueil recherchent les occasions de parler la langue de leur enfance : ça leur donne tellement de plaisir ! D'autres, au contraire, cherchent à éviter la langue maternelle quand elle leur rappelle la souffrance et le malheur qu'ils ont connus dans leur pays d'origine avant l'émigration.

Il existe une situation clinique qui prouve à quel point les événements de notre enfance s'imprègnent profondément dans notre mémoire biologique : c'est l'aphasie des polyglottes[6]. Il arrive que les bilingues ou ceux qui ont appris plusieurs langues subissent un

---

5. Brown S. L., Nesser M., House J. S., Utz R. L., « Religion and emotional compensation : Results from a prospective study in widowhood », *Personality and Social Psychology Bulletin*, 2004, 30 (9), p. 1165-1174.
6. Lebrun Y., « L'aphasie chez les polyglottes », *La Linguistique*, 1982, 18 (1), p. 129-144.

accident vasculaire cérébral qui leur fait perdre l'usage de la parole. Certains ne peuvent plus parler du tout, mais d'autres souffrent d'une aphasie dissociée : ils deviennent incapables de parler les dernières langues apprises, alors qu'ils s'expriment sans difficulté dans la langue de leur enfance. Parfois même, ils récupèrent l'aphasie dans l'ordre de l'apprentissage : la langue maternelle, la plus profondément imprégnée, revient d'abord, puis, laborieusement, les langues récemment apprises.

Ce retour des empreintes provoque un sentiment de bonheur quand l'enfance a été heureuse, et un goût d'amertume quand elle a été malheureuse. Or, avec l'âge, la mémoire de travail s'altère de plus en plus. On a du mal à stocker les informations qui permettent de réaliser une séquence immédiate : « Où ai-je mis mes clefs de voiture ? » Puis on oublie ces infos dès qu'on n'en a plus besoin. Quand les neurones sont âgés, cette performance devient de plus en plus difficile. On constate alors une sorte de résurgence de la mémoire imprégnée, la plus ancienne et la plus stable. On oublie le nom des personnes qu'on vient de rencontrer, alors que ceux de nos camarades de classe quand on avait 10 ans reviennent sans effort. Si bien que, lorsque les prières de l'enfance ont créé de délicieux moments de fusion affective avec les parents, le retour des empreintes rappelle ces moments heureux. Est-ce la raison pour laquelle les âgés sont plus croyants que les jeunes aujourd'hui[7] ? Au cours des

---

7. Wink P., Dillon M., « Spiritual development across the adult life course : Findings from a longitudinal study », *Journal of Adult Development*, 2002, 9 (1), p. 79-94.

dernières décennies de l'existence, les sondages ont évalué un véritable retour à Dieu : 52 % des âgés retrouvent leur foi, alors que 8 % s'en détachent complètement[8].

Quand il y a eu une tragédie, un trauma dont le blessé n'a jamais pu parler parce qu'il n'en avait pas la force ou parce que son milieu l'a fait taire, on assiste souvent à un étonnant effet palimpseste[9]. « Les Allemands sont dans l'escalier, j'entends les chars dans la rue », dit la mère à sa fille éberluée. « Mais, maman, ça fait soixante-dix ans que la guerre est finie ! » C'est vrai dans le réel, mais ce n'est pas vrai dans la mémoire du trauma, imprégnée dans le cerveau par la forte émotion de frayeur qui fait retour, comme si cela venait d'arriver. Il faut souligner que lorsque le traumatisé a pu raconter l'événement déchirant, il a été obligé de chercher les mots et les images pour en faire un récit. Il a ainsi remanié la représentation de son trauma, ce qui modifie la connotation affective en ajoutant une source verbale de mémoire au souvenir de l'horreur. On infléchit le souvenir passé en y ajoutant une nouvelle écriture. Le « trauma-jamais-parlé » laisse resurgir les empreintes, alors que le « trauma-parlé » remanie le souvenir en ajoutant la mémoire des mots à la mémoire des images imprégnées par l'émotion de l'horreur. Quand, avec l'âge, l'usure normale éteint l'immédiate mémoire de travail, elle laisse resurgir la mémoire du passé. Quand les empreintes aux parents, aux amis d'enfance, au gîte et à Dieu ont été heureuses, c'est un Dieu de bonheur qui

---

8. Cicirelli V. G., *Older Adult's Views on Death*, New York, Springer, 2002.
9. Lejeune A., « Les interactions tardives », *in* L. Ploton, B. Cyrulnik (dir.), *Résilience et personnes âgées*, Paris, Odile Jacob, 2014, p. 76-79.

fait retour, mais quand le trauma n'a pas pu être remanié par le soutien affectif ou les récits culturels, c'est un Dieu de terreur qui s'impose à nouveau[10].

Quand le trauma est constitué par une maladie organique grave, la croyance en Dieu possède un effet protecteur. Près d'un millier d'hommes presque tous protestants, âgés de plus de 65 ans, hospitalisés pour cancer ou maladie cardio-vasculaire ont été évalués par des échelles de dépression[11]. Les croyants ont mieux affronté l'épreuve. Les Noirs particulièrement se sont gaiement soignés parce que leur communauté religieuse, plus soudée, leur apportait une aide généreuse et gaie. Les intellectuels se sont bien défendus eux aussi, parce que leur monde mental n'était pas préoccupé uniquement par la maladie et la mort : leurs lectures étaient l'occasion d'ouvertures, de rencontres et de débats. Les Japonais, pendant un temps, ont expliqué que ceux qui avaient le plus efficacement surmonté la tragédie de Fukushima étaient les buveurs de saké. Jusqu'au moment où il a fallu préciser que ce n'était pas l'alcool qui les avait aidés, mais les rituels de rencontre où ils discutaient entre amis. Dans l'ensemble les femmes et les pauvres aiment Dieu plus que les hommes et les riches[12]. Mais en cas de malheur, les hommes peuvent rencontrer Dieu et en débattre avec leurs amis.

---

10. Hazan C., Shaver P., « Broken attachments. Relationship loss from the perspective of attachment theory », *in* T. L. Orbuch (dir.), *Close Relationship Loss : Theoretical Approaches*, New York, Springer Verlag, 1992, p. 90-108.

11. Koenig H. G. *et al.*, « Religious coping and depression among elderly, hospitalized medically ill men », *Am. J. Psychiatry*, 1992, 149 (12), p. 1693-1700.

12. Kirkpatrick L. A., « Attachment and religious representations and behaviour », art. cit., p. 803-822.

À l'université du troisième âge à Toulouse, 394 seniors ont participé à une étude sur « les facteurs de réussite du vieillissement[13] ». Ceux qui, depuis leur enfance, ont eu une activité intellectuelle intense se déclarent comblés par la vie qu'ils ont menée. Ils se disent « aussi heureux que lorsqu'ils étaient jeunes » (79 %). Ils font des projets d'avenir (94 %) et les plus satisfaits sont les anciens bons élèves qui, après avoir réalisé leur rêve de métier et de famille, deviennent créatifs quand ils sont libérés de ces contraintes.

Le contexte social et culturel joue un rôle majeur dans la qualité du vieillissement. Quand les jeunes sont bons élèves, c'est qu'ils sont entourés par une niche familiale affective et stable dans une société en paix. En les débarrassant des luttes pour la survie, ce contexte leur permet de se concentrer sur la performance intellectuelle. Ils peuvent plus facilement acquérir le métier et construire la famille qui continue à les stabiliser. À l'inverse, les enfants des rues dans un contexte terriblement adverse sont vieux, abîmés et psychiquement éteints dès l'âge de 12-15 ans. Les ouvriers et les paysans à l'époque où la violence du travail et de la guerre structurait la société mouraient avant l'âge de 65 ans. Seuls les cadres ou intellectuels planifiaient leur existence et mouraient vers 75 ans. Bismarck, inventeur de la retraite, a fixé la date à 65 ans, âge où les ouvriers mouraient, mais pas les cadres qui étaient rares au milieu du XIXe siècle et mouraient plus tard.

---

13. Bessou A., Tyrell S., Yziquel J.-L., Bosson C., Montani C., Franco A., tout le numéro de *La Presse médicale*, Masson, 2003, 32 (16), p. 721-768.

Dans l'ensemble, on est plus religieux en vieillissant[14]. Mais dans ce groupe âgé, les plus intensément croyants sont les femmes, les pauvres, les veufs et les célibataires, ce qui renforce l'hypothèse que le manque d'attachement provoque une recherche compensatoire, un rebond vers Dieu. Mais il faut aimer la vie pour aimer Dieu. Les très vieux, après 90-95 ans, quand ils n'ont plus la force de vivre, acceptent la mort et se détachent de Dieu comme si la résignation, la mort psychique, avant la mort physique, supprimait l'élan vers Dieu[15]. Le syndrome de glissement où l'âgé se laisse entraîner vers la mort est parfois agressif : « Foutez-moi la paix, laissez-moi mourir », mais parfois euphorique : « Je suis bien, laissez-moi partir[16]. » Il faut encore être robuste pour aller à la messe, au temple ou à la mosquée. Il faut encore aimer la vie, malgré le malheur, pour ne pas consentir à la mort. Il faut encore avoir la force d'espérer pour prier. Quand cette vitalité est maintenue, le rituel religieux devient un exercice d'élévation, une élation qui nous invite à nous hausser au-dessus du réel douloureux pour côtoyer une représentation métaphysique : Dieu, Allah, Jéhovah, ou ses porte-parole prophètes, saints et prêtres[17].

---

14. Idler E. L., Kasl S. N., Hays J. G., « Patterns of religious practice and belief in the last year of life », *Journal of Gerontology Social Science*, 2001, 56b (6), p. S326-S334.
15. Cicirelli V. G., « God as the ultimate attachment figure for older adults », art. cit., p. 384.
16. Ledieu P., « Syndrome de glissement, résilience impossible ? », 96ᵉ journée régionale de gérontologie, *Vieillir debout, vous avez dit résilience ?*, Saint-Étienne, 28 mars 2017.
17. Koenig H. G., « Religion and remission of depression in the medical inpatients with heart failure/pulmonary disease », *Journal of Nervous and Mental Disease*, 2007, 195 (5), p. 389-395.

Une telle aptitude à l'élation nécessite une énergie physique pour ne pas démissionner de la vie, et une aptitude métaphysique pour se représenter une absence radicale. Ce qui revient à dire que l'élan vers Dieu est un processus analogue à celui qui nous invite à la parole : un indice, un objet, une sonorité verbale mis là pour représenter ce qui est impossible à percevoir et que, pourtant, nous ressentons de toute évidence.

Une situation clinique va m'aider à préciser que lorsqu'on n'a pas accès à la parole (comme un bébé préverbal) ou lorsqu'on perd la parole (comme lors d'une aphasie), on ne peut pas concevoir Dieu. Il y a quelques années, un brillant lacanien a souffert d'une aphasie transitoire : une toute petite thrombose vasculaire a nécrosé son lobe temporal gauche et l'a rendu incapable de parler pendant quelques heures. Puis, sous l'effet des médicaments et de sa bonne nature, la vascularisation s'est rétablie et la parole est revenue. Dans un article bouleversant, le psychanalyste témoigne de ses quelques heures passées dans un monde sans mots[18]. Il nous explique que, lorsque la parole disparaît, le malade redevient soumis aux stimulations du contexte. Quand le médecin qui s'était assis sur son lit pour l'examiner s'éloigne, l'aphasique « s'attache à cette masse qui, quand elle a quitté le lit, laisse sa trace, un creux, comme lieu ». Le psychanalyste momentanément aphasique ajoute : « Pour dire "bureau", je le désignais du doigt, [...] je n'étais que tension du corps vers la

---

18. Zlatine S., « Praxis de l'aphasie : au moment de répondre », *Ornicar ?, Revue du Champ freudien*, été 1985, 33, p. 65-68.

parole. » Quelques heures plus tard, quand son aptitude à la parole réapparaît, il ne perçoit plus le même monde. Son corps s'allège alors qu'il était lourd dans un monde sans mots : « Maintenant que je peux parler, j'enfourche un oiseau. » D'autres malades, dans la même situation emploient des métaphores de « tombeau », de « plomb » pour décrire un monde sans paroles. Dès que la parole revient, ils « chaussent leurs bottes de sept lieux », « s'envolent par-dessus les montagnes », parce que la parole, en effet, métamorphose la représentation du temps et donne accès à un monde imperçu métaphysique, celui des cieux où l'on s'envole pour vivre après la mort[19].

---

19. Laplane D., *La Pensée d'outre-mots. La pensée sans langage et la relation pensée-langage*, Paris, Les empêcheurs de penser en rond-Institut Synthélabo, 1997.

CHAPITRE 13

L'ATTACHEMENT AU DIEU PUNISSEUR

En recevant la vie, on accepte la souffrance comme on endure la pluie, la morsure du froid, la brûlure du soleil et les catastrophes naturelles. Le tourment, le désespoir et l'idée de mort appartiennent à la condition humaine. Pendant des millénaires on a pensé que notre passage sur terre se faisait dans une vallée de larmes, coincée entre deux Paradis : celui qu'on avait perdu à cause d'Adam et Ève et celui qu'on pouvait regagner à condition de bien obéir aux commandements divins. La croyance en une force surnaturelle qui veille sur nous et nous surveille est une adaptation au miracle de vivre et à la souffrance que cela entraîne. Grâce à cette entité vigilante notre existence prend sens, il suffit de lui obéir pour gagner le Paradis. Dans la religion juive aussi, la souffrance est normale. Comme la joie et le bonheur. On s'adapte au tourment comme on peut, on augmente les rituels, on rencontre le rabbin, mais on ne combat pas la douleur d'exister. « Le lien de la souffrance est aussi le lien de la vie[1]. » Quand, pendant la Révolution française, Saint-Just s'est écrié : « Le bonheur est une idée neuve en Europe[2] », cette phrase a affirmé que le bonheur était un projet social et non plus une extase céleste. C'est sur terre qu'il faut travailler à être heureux et non pas après la mort.

Aujourd'hui encore cette idée est fortement combattue, comme s'il était immoral de vivre sans souffrir. Quand l'opium a été découvert en Mésopotamie, il y a plusieurs milliers d'années, cette substance naturelle recueillie sur un pavot, beau comme un gros coquelicot, a provoqué des réactions ambivalentes. Les médecins grecs et arabes l'ont prescrite avec la plus grande circonspection. C'est Paracelse qui en a fait un médicament au XVIe siècle[3]. D'emblée, son efficacité contre la douleur en a fait une prescription immorale. Pendant les guerres napoléoniennes, un grand nombre de chirurgiens affirmaient qu'une opération ne pouvait réussir que si le blessé souffrait. Pour lutter contre la douleur, il suffisait d'opérer vite[4]. Les cadets chirurgiens, âgés de 14 à 16 ans, apprenaient à faire une amputation à mi-cuisse en moins de trois minutes. Dans les années 1960 on nous apprenait, à la faculté de médecine, qu'il ne fallait pas donner d'antalgique aux enfants, car ce produit modifiait l'expression des symptômes, ce qui

---

1. Drezdner R., *Transmission du trauma de la Shoah, récits, résilience*, thèse de doctorat d'État, Lyon-II, 7 novembre 2016, p. 244.
2. Saint Just, *Discours au Comité de salut public*, 5 mars 1794.
3. Rey A. (dir.), *Dictionnaire historique de la langue française*, Paris, Le Robert, 2012, p. 2487.
4. Rey R., *Histoire de la douleur*, Paris, La Découverte, 1993, p. 162.

est indéniable. Alors on faisait des points de suture à toute allure, on arrachait les amygdales avec une grande pince qu'on enfonçait dans la bouche par surprise, on réduisait les fractures pendant que l'enfant criait. Il a fallu un long combat pour aboutir à l'idée que la douleur n'était pas utile à la guérison. Le grand médecin Velpeau en 1840 soutenait qu'il était « ridicule de penser qu'une substance matérielle pouvait agir sur une souffrance immatérielle ». Mais quand l'anesthésie est apparue au XIXe siècle, il a changé d'opinion et s'est opposé à Magendie, un autre grand nom qui s'indignait que « ceux qui donnent de l'éther enivrent leurs patients, au point de les réduire à l'état de cadavre que l'on coupe […] sans aucune souffrance […] ce qui est contraire à la morale[5] ».

L'accouchement dit « sans douleur » a longtemps provoqué l'indignation vertueuse de ceux qui affirmaient : « Une femme qui accouche sans souffrir ne pourra pas aimer son enfant. » J'ai le souvenir d'avoir dû argumenter pour prescrire de la morphine ou des antidépresseurs aux cancéreux en phase terminale. Mes collègues, médecins moraux, s'indignaient qu'on leur demande d'être des dealers, ils craignaient de rendre dépendants de la drogue des malades qui avaient une espérance de vie de deux ou trois mois !

En effet, le deuil est une souffrance qu'il est immoral de ne pas ressentir : on ne peut pas gambader de joie à l'enterrement de sa mère. C'est pourtant ce qui arrive de plus en plus souvent dans la mort moderne. Il y a

---
5. *Ibid.*, p. 193.

quelques décennies, quand un homme ou une femme mourait après quelques jours de maladie, le groupe en portait le deuil. Aujourd'hui, quand le travail de trépas dure dix ou vingt ans après une longue maladie ou une démence d'Alzheimer, les familles sont tristes de perdre un proche et sont en même temps envahies par la joie tant elles sont libérées du poids du malade. Alors elles ont honte de leur soulagement et cherchent à le dissimuler.

La tristesse apporte de nombreux bénéfices. Les larmes sont apaisantes, on pleure, on se mouche et on est détendu. Beaucoup d'adolescents et de nombreux poètes recherchent ce délicieux petit chagrin. La tristesse avive le retour du bonheur, que l'on ressent intensément après l'avoir perdu. La recherche de beaux mots transforme un tourment en jolie poésie. Une brève séparation provoque un rebond d'attachement ; « tu m'as manqué, tu sais » rapproche les amants séparés que la routine affective avait un peu engourdis. S'il n'y avait jamais de moments malheureux, comment pourrait-on savoir qu'on est heureux ? Si nous n'étions jamais fatigués, comment pourrait-on savoir qu'on est en pleine forme ? Pourquoi les musiques tristes font-elles venir des larmes que nous aimons ? Pourquoi la nostalgie, douleur du nid perdu, est-elle attendrissante ?

La neurobiologie peut nous éclairer. L'activateur du système du plaisir (bandelette à la base du lobe préfrontal) augmente la sécrétion de phénylalanine qui est un précurseur de la noradrénaline, substance de l'éveil cérébral. Cela explique qu'un simple plaisir relationnel stimule la sécrétion d'endorphines qui donnent une sensation de bien-être physique. Mais un excès de plaisir, en augmentant la sécrétion de noradrénaline, facilite la douleur physique et l'alerte psychique. Ce qui revient à dire qu'un bonheur extrême peut entraîner un malaise physique, une fatigue, une déréliction ou des pleurs de joie. L'homme constamment heureux n'a plus besoin des autres puisqu'il est comblé. Il se sent seul, abandonné, sans rêves ni projets, puisqu'il n'a besoin de rien. Un bonheur durable a un effet désolidarisant qui mène à l'isolement, facteur de malheur. Le malheur intervient aussi dans cette balance émotionnelle. Il n'est pas rare qu'une angoisse excessive, en stimulant la bandelette inférieure du lobe préfrontal, provoque une extase soudaine, comme nous l'avait expliqué Pierre Janet[6]. On ne peut pas opposer le bonheur et le malheur : ces deux sentiments fonctionnent ensemble. Chacun se nourrit de l'autre dans ce couple d'opposés.

Quand le bonheur incessant mène à l'engourdissement de la conscience, ou quand le malheur est si grand que le cerveau est déconnecté de toute sensibilité[7], on observe une anesthésie du corps et de l'âme. Les enfants maltraités s'efforcent de devenir indifférents et les clochards « vivants en situation de rue déroutent toute subjectivité [...] Un sujet sans habitat n'habite plus son corps[8] ». Quand on n'attend rien d'autrui,

---

6. P. Janet, *De l'angoisse à l'extase, op. cit.*
7. Quidé Y., *Étude de stress post-traumatique : corrélats cérébraux, neuropsychologiques, biologiques et thérapeutiques*, thèse de neurosciences, Tours, 17 décembre 2013.
8. Emmanuelli X., *Les Enfants des rues. Une clinique de l'exclusion*, Paris, Odile Jacob, 2016 ; voir aussi séminaire « Résilience culturelle », Paris, 2015.

le corps devient chose encombrante, l'anesthésie des sans-domicile est terrifiante. Ces hommes (parfois ces femmes) errent dans la rue avec d'énormes ulcères, des entailles profondes et des fractures qu'ils ressentent à peine. Le couple d'opposés est cassé. Ni bonheur ni malheur : rien. Pas de souffrance, pas de vie : rien.

CHAPITRE 14

QUAND L'INTERDIT EST UNE STRUCTURE AFFECTIVE,
LA PUNITION EST SÉCURISANTE

Pourquoi la punition a un effet sécurisant ? Quand on se sent mal, il suffit de s'auto-agresser ou de se faire punir pour être soulagé. On se griffe le visage, on se bat la coulpe, on se frappe le front et la douleur physique provoquée par l'auto-agression est bien plus supportable que la souffrance psychique.
Dans le monde vivant la peur est un facteur de survie. Un mammifère à qui on a donné des antidépresseurs ne craint plus rien. Sûr de lui, il ne se protège pas et risque l'accident, tout autant que celui qui, abandonné, s'affole et court en tous sens. Dans ces deux cas, l'adaptation au réel ne fonctionne plus et l'animal a une forte probabilité de se blesser ou d'être attrapé par un prédateur. Mais quand le couple d'opposés fonctionne, une petite alerte incite à chercher une protection, on se jette dans les bras d'un adulte tout-puissant puis, dès que l'on est sécurisé par cette activation de l'attachement,

on se débat pour le quitter et explorer le monde. Dès que la protection a fait son effet, le protecteur devient une entrave, un empêcheur de vivre.

Il n'y a pas d'interdit chez les animaux, au sens humain du terme, mais on peut dire que l'expression des émotions de la mère fait impression des émotions dans le monde mental de son petit. Marie-Claude Bomsel, vétérinaire au zoo du Jardin des plantes à Paris, explique que, à l'époque où les tigrons nouveau-nés étaient élevés au biberon par des femmes émerveillées par la beauté des petits fauves, ils devenaient des adultes qui n'avaient pas appris à inhiber leur morsure, ce qui les rendait dangereux. Lorsque la tigresse allaite ses petits, et qu'ils jouent à l'attaquer ou à attraper sa queue, la mère tolère ces amusantes agressions. Mais lorsque le tigron prend du poids, l'agression n'est plus un jeu. La mère alors montre les dents, feule et parfois donne un coup de patte qui freine l'agression du tigron[1].

L'apparition du sein dans le monde vivant change la stratégie de survie. Les poissons mettent au monde des milliers d'alevins pour obtenir un seul adulte. La plupart seront mangés par des prédateurs puisque les géniteurs ne protègent pas leurs petits. À l'inverse, les mammifères mettent au monde peu de progéniture et la surinvestissent. Ils ont des comportements de protection et de punition qui gouvernent le développement des petits, diminuant ainsi les pertes. Quand le jeune

---

[1]. Bomsel M.-C., *Mon histoire naturelle. Vétérinaire auprès des animaux sauvages*, Paris, Arthaud, 2016.

obéit, sa sécurité augmente, donnant à la punition un effet protecteur.

On peut tenir le même raisonnement pour nos enfants. La plupart d'entre eux acceptent les interdictions préverbales. Quand la mère pense que l'enfant a un comportement risqué, il lui suffit de froncer les sourcils et d'émettre un bruit de bouche, « Tss-tss », pour que le petit aussitôt inhibe son comportement, baisse les yeux et prenne un air boudeur. À ce stade du développement, il n'a pas besoin d'explications pour cesser la prise de risque. Mais un tiers des enfants avant l'âge de la parole (vingtième-trentième mois) ne tient pas compte de cet énoncé mimique. Le plus souvent ces enfants n'ont pas pu acquérir la régulation de leurs émotions parce qu'ils ont été isolés précocement à cause d'une difficulté familiale ou d'un malheur de l'existence (mort ou maladie d'un parent, précarité familiale ou sociale). Parfois les parents en exprimant violemment l'expression de leurs propres émotions empêchent l'enfant d'apprendre à réguler les siennes. L'appauvrissement de la niche sensorielle lors des premiers mois n'a pas stimulé le cerveau préfrontal qui inhibe l'amygdale du système limbique et permet de maîtriser l'expression des émotions.

Quand la parole se met en place, au cours de la troisième année, le froncement de sourcils peut encore suffire, mais il faudra y ajouter une explication, un énoncé de la loi : « On ne fait pas ça... Tu vas te faire mal. » Ce n'est qu'après ce stade que l'enfant sécurisé éprouvera le plaisir de dire « non » à sa mère afin de s'entraîner à l'autonomie. Là encore on retrouve un couple d'opposés : la loi qui interdit donne la force de quitter sa base de sécurité. L'interdit n'est donc pas un empêchement, c'est au contraire une structure interactive qui, en régulant les émotions, sécurise le sujet et facilite sa socialisation.

La crainte de la punition possède un effet solidarisant et moralisant. Ce n'est pas la punition qui possède cet effet, c'est sa crainte. La punition réelle n'est que souffrance et humiliation, mais la crainte de la punition qui nous fait obéir aux ordres parentaux et aux prescriptions divines structure une conduite à tenir. Puisqu'on nous donne un code de comportement et de pensée, il suffit de s'y soumettre pour ne plus être anxieux – « je sais ce qu'il faut faire » – et se sentir moral – « j'ai respecté les ordres de ceux qui savent, mon père et Dieu ».

Quand je préparais les concours hospitaliers, les chefs de clinique les plus sévères étaient choisis en premier : « Avec lui, ça marche à la baguette. Je n'oserai pas désobéir. J'aurai donc une chance supplémentaire d'être reçu au concours. » Les enseignants « chics types » avaient peu d'étudiants inscrits dans leurs séminaires, comme si les jeunes avaient pensé : « En renonçant aux plaisirs immédiats, en craignant ce chef de clinique, j'augmente mes chances de réussite. Je souffre dans l'immédiat mais plus tard, je serai heureux. » La pulsion pousse à la satisfaction immédiate, mais son inhibition, provoquée par la crainte de la punition, prend un effet d'espérance – « je réussirai plus tard » –, de socialisation – « j'aurai un métier » – et d'estime de soi – « je fais partie des êtres moraux capables de ne pas se soumettre à leurs instincts ».

Pendant des siècles, le père a été le représentant de Dieu dans la famille. C'est lui qui énonçait la loi, donnait le signal des prières et des remontrances. À l'époque napoléonienne, il est devenu le représentant de l'État puis, quand l'industrie s'est développée, il a pris la fonction de Père Fouettard. Il était à la fois protecteur et punisseur. C'est lui qui descendait à la mine pendant de très longues heures et donnait tout son salaire à sa femme, c'est lui qui partait dans les tranchées pour mourir dans la boue en défendant son pays. Pour prix de sa protection et de son sacrifice, la société et les femmes lui accordaient un pouvoir exorbitant : « Taisez-vous, papa se repose. » On le servait à table, on faisait régner l'ordre en menaçant les enfants : « Si tu n'es pas sage, je vais le dire à papa. » La vie de famille était organisée autour du père qui la protégeait à condition qu'elle se soumette. L'obéissance, dans ce contexte, était un moyen de vivre en paix dans sa famille, de prendre place dans sa société et d'acquérir une bonne estime de soi.

En cas de fautes vénielles ou d'insoumissions, la punition permet de réparer une mauvaise action, de se racheter, d'expier. Se faire punir devient alors porteur d'espoir : « J'ai commis une faute, mais je vais me racheter, repartir de zéro, apaiser ma culpabilité et reprendre place dans mon groupe. » Dans cette stratégie adaptative, la punition apporte de nombreux bénéfices, elle remonte l'estime de soi, préserve le sens moral et resocialise. Elle permet de profiter de la sécurité et de la coopération du groupe : « J'accepte de souffrir aujourd'hui pour être heureux demain. » Le sacrifice, en élevant l'âme, devient dépassement de soi et transcendance.

Parfois des événements étranges nous donnent la conviction que la nature est surnaturelle. D'habitude, nous ne sommes pas émerveillés par le fait d'exister, qui nous donne plutôt une sensation de banalité : « Puisque j'existe sans cesse, tous les jours, il n'y a rien d'exceptionnel. » Il suffit de risquer de perdre la vie pour éprouver l'existence comme un miracle incroyable. Pour simplement exister, nous devons coordonner un nombre faramineux de conditions. Certains phénomènes naturels provoquent une sensation surnaturelle : le tonnerre et ses éclairs, la pluie qui redonne l'espoir de vivre, alors que la sécheresse fait penser à la mort. Le soleil qui, chaque soir, frôle la terre en tombant au bout de l'horizon, un accident de voiture où la providence nous a protégés ne peuvent avoir qu'une explication fabuleuse. Lorsqu'une inondation, un incendie ou une maladie nous frappe, nous comprenons que ces forces naturelles sont devenues malveillantes. Mais nous savons aussi que la punition peut nous racheter et calmer le courroux de la nature.

En punissant le malveillant, nous nous protégeons. En nous punissant nous-mêmes, nous nous réhabilitons. Désormais le monde est clair : « Je ne suis plus une chose bousculée par la nature, je peux agir sur le monde miraculeux qui agit sur moi, je peux danser pour faire tomber la pluie, prier pour empêcher le soleil de tomber sur la terre, sacrifier ce qui m'est cher pour calmer l'agresseur et lui exprimer ma soumission. Je peux punir le responsable de mes malheurs ou me punir pour me délivrer du mal. »

CHAPITRE 15

L'ÉNONCÉ DE LA LOI CIRCUITE LE CERVEAU,
LES TABOUS ALIMENTAIRES SOLIDARISENT LE GROUPE

On dit souvent que les pervers éprouvent le plaisir de transgresser la loi, comme Don Juan qui s'amuse à feinter les codes sociaux ou conjugaux. Mais où sont les lois quand on vit dans un monde sans Autre ? Seul compte son plaisir, c'est la pulsion qu'on satisfait, rien d'autre.

Un psychopathe, lui, joue à transgresser la loi. Il se sent fort et méprise ceux qui s'y soumettent. Il jouit de la profanation, à l'instar de ces gosses qui attaquent et détruisent ce qui représente l'ordre, comme la police, les pompiers, l'école ou les abribus. Rendus vulnérables par une carence éducative précoce, ils n'ont pas pu apprendre à réguler leurs émotions. Ils érotisent le risque de se faire attraper et sont euphoriques quand ils parviennent à s'échapper. En fait, ils ressentent la transgression comme un jeu de liberté : « Je ne suis pas soumis, moi. »

Les joueurs aiment le risque de perdre. Gagner ne les intéresse pas puisqu'en sortant de la salle de jeux ils donnent l'argent à n'importe qui ou le claquent n'importe comment. Ce qui les euphorise, c'est la possibilité de perdre, comme le font ces jeunes qui se jettent par-dessus un pont, retenus par un élastique autour de la cheville. Après l'intense frayeur du saut, après avoir éprouvé la peur de mourir, ils sont grisés de bonheur pendant plusieurs jours, shootés par les hormones du stress et le rebond de sécrétion d'endorphine. Pendant toute leur vie, ils se rappelleront avec fierté ce moment de frayeur surmontée.

Est-ce à cause de tous ces bénéfices psycho-affectifs que le Dieu punisseur est un élément central des religions ? Lors de la Sortie d'Égypte, le Dieu des Juifs, très en colère, a puni les Égyptiens en leur envoyant les Sept Plaies sous forme de pluie de grenouilles, de nuées d'insectes, de mort des premiers-nés et, finalement, de noyade de l'armée dans la mer Rouge... Le courroux vengeur de ce Dieu, en sauvant le peuple juif, a exigé pour prix de cette libération une obéissance stricte en punissant les ingrats qui ne se soumettaient pas à sa loi.

Le Dieu des Chrétiens se préoccupe des péchés, des fautes contre la loi divine. L'objet de la transgression est souvent un plaisir : péché de chair, péché de gourmandise qui, pendant l'Inquisition, a mené à haïr la musique et à ne pas supporter le rire. Le plaisir de penser a été combattu, comme un péché de l'esprit. Croquer la pomme, fruit de l'arbre de la connaissance, était un péché grave qui méritait que l'homme fût chassé du Paradis. On fermait les yeux, on pardonnait aux péchés de jeunesse, aux péchés mignons qui ne méritaient qu'une petite réprimande. L'avantage de ce barème qui hiérarchise l'univers de la faute, c'est que la punition offre l'occasion d'expier, de racheter l'infraction. Le châtiment allège la culpabilité.

Dans les milieux protestants, on se préoccupe plutôt de la morale des décisions. Est-il moral d'acheter une indulgence pour éviter la punition ? Est-il moral d'abandonner les peuples primitifs à la croyance en de faux dieux ? Est-il moral de se désintéresser de la persécution du peuple juif ? Vous pensez bien que dans un tel monde mental, la gourmandise est un péché ridicule, une simple faiblesse dans un milieu qui valorise le manger peu.

On pourrait presque parler de rationalisation affective qui consiste à donner une forme verbale à un sentiment. « Si je me sens bien, c'est parce que j'ai respecté les lois divines. Mes actions ont été jugées bonnes par une entité surnaturelle, qui m'a récompensé. Donc, si je me sens mal, c'est que j'ai transgressé. » Quand on dresse un barème de fautes, un grand malheur révèle une grande faute : « Tes parents ont dû commettre un bien grand crime, pour être ainsi punis à Auschwitz. » Un petit malheur témoigne de petits égarements : « Qu'est-ce que j'ai fait au bon Dieu pour avoir des enfants que j'aime et qui font tant de bêtises ? »

Quand le développement du système nerveux donne accès à la théorie de l'esprit, nous devenons capables d'attribuer une intention à une entité invisible (un concept abstrait que l'on considère comme un être réel). Il ne nous paraît ni absurde ni magique de ressentir émotionnellement, « pour de bon », qu'une puissance invisible nous surveille, nous récompense ou nous punit selon le barème moral de nos actions.

L'interdit devient ainsi l'organe de la coexistence. Il est moral de ne pas tout se permettre, dès l'instant où nous prenons conscience de l'existence d'un Autre. Le sexe est le domaine où la pulsion doit être fortement régulée par les pressions culturelles. Le fait de ne pas se soumettre à ses instincts fournit la preuve que l'on échappe à la bestialité pour entrer dans le royaume de l'humanité. L'interdit de l'inceste devient le marqueur de l'homme civilisé. Un acte sexuel, biologiquement possible, devient insupportable quand la représentation en fait un crime majeur. Le fait de se soumettre à une représentation verbale inhibe la pulsion biologique.

Voilà, c'est clair ! Sauf que les pensées claires sont toujours abusives. Les animaux n'interdisent pas l'inceste, mais lorsqu'ils sont élevés ensemble, le lien de l'attachement qui se tisse entre eux inhibe l'acte sexuel que nous appelons « inceste[1] ». Il se trouve qu'avant l'évitement de l'inceste, une force les empêche de manger tout ce qui est biologiquement mangeable[2]. Cette organisation du monde mangeable est probablement due à la nécessité de réduire les informations pour donner forme au monde qu'ils perçoivent. S'ils devaient tout percevoir, les êtres vivants seraient confus, bombardés par une infinité d'informations désordonnées. Dès que le système nerveux sélectionne

---

1. Cyrulnik B., *Les Nourritures affectives*, Paris, Odile Jacob, 1993, p. 149-193.
2. Fischler C., *L'Homnivore*, Paris, Odile Jacob, 1990 ; et séminaire « Le langage totalitaire », Paris, 23 novembre 2016.

les informations, dès que les mots mettent en lumière certains segments de monde, ils mettent à l'ombre tout ce qui n'est pas dit. Quand le monde prend forme, l'être vivant peut s'y adapter. Voilà pourquoi un tigre qui perçoit un homme à pied le « considère » comme un gibier mangeable, alors que le même homme à vélo perd sa forme d'aliment et ne stimule plus son appétit de tigre.

Pour nous humains qui vivons essentiellement dans un monde de représentations, les mots possèdent un grand pouvoir d'éclairage. Nous voyons mieux ce qui est dit et la connotation affective des mots déclenche en nous des émotions profondément ressenties. Pour vérifier cette idée, il vous suffit d'inviter à dîner une de vos amies. Vous lui préparez une viande en sauce qu'elle goûte avec plaisir. C'est alors que vous avouez : « Cette viande que tu dégustes, c'est ton petit chien que je viens de cuisiner. » J'affirme qu'elle poussera un cri d'horreur et vous haïra de lui avoir fait transgresser un tabou alimentaire : on ne mange pas le chien qu'on aime avec lequel on a vécu pendant vingt ans !

Toutes les religions structurent les conduites alimentaires. Dans les sépultures paléolithiques où l'on trouve déjà des signes religieux, les défunts étaient ensevelis avec leurs vêtements, leurs armes et leurs aliments habituels afin qu'ils se nourrissent dans l'au-delà. Toutes les religions interdisent certains aliments biologiquement mangeables, mais dont l'ingestion est insupportable à cause de la représentation qu'on s'en fait. Le poisson qui, au début de la chrétienté, symbolisait la pêche miraculeuse et l'eau du baptême a organisé les menus du vendredi jusqu'au XXᵉ siècle. Manger du poisson permettait d'évoquer le Christ. Les Musulmans éprouvent du dégoût à l'idée d'avaler un morceau de cochon. Et chez les Juifs, le simple fait de respecter les rituels alimentaires comme la casherout, l'évitement du contact du lait avec le sang, le lavage rituel de la vaisselle organise le fonctionnement quotidien de la vie religieuse dans le foyer.

Les interdits qui structurent la vie du groupe provoquent des émotions qui unifient la collectivité. Chaque membre éprouve le sentiment de vivre dans un même monde, celui de la fraternité, de la familiarité sécurisante. Or ces interdits sont simplement énoncés. Dans le réel, ces aliments tabous sont mangeables. Si un Musulman ou un Juif avale un morceau de cochon en croyant que c'est du gibier, il peut trouver cette viande agréable. Mais il suffit d'articuler « tu manges du cochon » pour provoquer une répulsion.

La simple représentation verbale induit une authentique sensation de dégoût puisque ce sont les mêmes circuits cérébraux qui entrent en fonction quand on donne une substance pourrie ou fétide. Le dégoût, dans ce cas, est une réaction physiologique d'adaptation à une substance qui pourrait être dangereuse. C'est une réaction de survie. La sensation de dégoût s'exprime par les mimiques faciales qui traduisent cette émotion de base. La neuro-imagerie rend observable que le corrélat neurologique du dégoût fait passer au rouge (signe d'intense consommation d'énergie) la partie antérieure de l'insula, la partie antérieure de l'aire cingulaire, le cortex temporal inférieur, les ganglions de la base, le cortex orbitofrontal latéral et, bien sûr, l'amygdale, socle neurologique des émotions intenses[3].

Il suffit de passer un film montrant le comportement dégoûtant d'un homme très sale, mangeant en dégoulinant et brutalisant sa douce voisine pour faire apparaître chez le spectateur les mêmes mimiques faciales, activer les mêmes circuits cérébraux et provoquer dans son corps les mêmes sensations de rejet : « Ce type me dégoûte », pourrait dire le spectateur. Or il s'agit d'un écœurement mental, provoqué par une représentation d'images qui fait naître dans le corps de l'observateur une sensation réelle de nausée. C'est ainsi qu'on peut expliquer qu'un tabou alimentaire, mis en lumière par la verbalité d'une culture, « c'est un crime de manger du cochon », provoque un dégoût authentiquement ressenti dans le corps par celui qui a intériorisé cet énoncé verbal.

Le mépris est une sorte de dégoût déclenché cette fois-ci par un énoncé moral. Un récit raconte la trahison d'un homme qui fait croire qu'il aime une divinité. C'est pour mieux le tromper et gagner quelques sous que Judas n'a pas hésité à donner un baiser à Jésus pour le désigner aux Zélotes et le livrer à la torture. Ce récit a provoqué pendant plus de mille ans l'indignation de ceux qui vénéraient le fils de Dieu, leur innocent Sauveur. Aujourd'hui, le même scénario interprété différemment ne provoque plus la même haine : Pierre, lui aussi, a trahi Jésus pour trois fois rien, mais il a

---

[3]. Fontenelle L. F., Oliveira-Souza R. de, Moll J., « The rise of moral emotions in neuropsychiatry », *Dialogues in Clinical Neurosciences*, 2015, 17 (4), p. 413.

demandé pardon, alors que Judas, se croyant indigne d'être aimé, a préféré se suicider. Ce récit, modifié par l'interprétation des temps modernes, ne provoque plus la même émotion, donc probablement n'allume plus les mêmes zones cérébrales et ne provoque plus la même répulsion. Quand on pense que Judas a trahi le Seigneur pour gagner trente pièces d'or, les mimiques faciales de ceux qui aiment Jésus et croient en ce récit expriment probablement un furieux mépris. On peut imaginer que leur cortex préfrontal gauche et la jonction temporo-pariétale sont rouges de fureur et de vertueuse indignation, comme cela a été photographié chez ceux qui regardaient un film racontant une trahison[4]. Il ne s'agit plus d'une réaction de survie adaptée à une substance dangereuse, mais de la réaction d'un groupe solidarisé par le partage d'une même indignation. Le point de départ de l'émotion n'est plus une substance fétide, c'est une représentation d'images et de mots révoltants, une croyance insupportable qui sert de liant au groupe, renforce sa cohésion et permet de le manipuler comme un seul homme.

Quand on voit quelqu'un en train de vomir, nos neurones réagissent en miroir, ils alertent les circuits du dégoût et provoquent en nous une authentique nausée[5]. Les zones cérébrales qui consomment de l'énergie et préparent au rejet des aliments sont les mêmes que celles qui provoquent la répulsion de celui qu'on méprise. Il suffit de voir un proche mépriser un inconnu

---
4. *Ibid.*
5. Rizzolatti G., Sinigaglia C., *Les Neurones miroirs*, Paris, Odile Jacob, 2008.

pour éprouver un sentiment analogue. Nous méprisons, nous haïssons la personne ou le peuple que nos proches méprisent, participant ainsi à la contagion des représentations[6].

La réaction d'adaptation n'est plus provoquée par une substance fétide, mais par une représentation abstraite. Les contagions mentales sont réellement ressenties alors qu'elles répondent à des représentations irréelles. Le bénéfice adaptatif est énorme puisque l'on peut ainsi ressentir les mêmes émotions, habiter le même monde mental que ceux qu'on aime, éprouver un délicieux sentiment d'appartenance, se sentir fortifié par la fraternité et sécurisé par la familiarité.

Le maléfice de cette aptitude, c'est que nous avons intérêt à ne pas découvrir le monde mental des autres, ceux qui ont d'autres croyances ou des histoires étranges, ils sortent de nos doxas, nos opinions communément admises. Nous éprouvons, au plus profond de notre corps, le rejet des dissemblables, le mépris des mécréants qui n'ont pas nos bonnes croyances. Nous sommes moraux avec les familiers qui nous ressemblent, mais nous restons pervers envers ceux qui nous paraissent étranges, nous vivons dans un monde sans Autre, ce qui est la définition moderne de la perversion. Nous symbolisons avec ceux qui habitent notre monde, mais nous diabolisons ceux que nous ne pouvons pas comprendre.

---

6. Sperber D., *La Contagion des idées*, Paris, Odile Jacob, 1996, p. 40.

CHAPITRE 16

ON RENCONTRE DIEU
COMME ON A APPRIS À AIMER

La contagion des mondes mentaux ne se transmet pas de la même manière selon le contexte d'attachement et de culture. Les enfants qui grandissent dans un milieu religieux n'ont pas à chercher Dieu puisque leur foyer parental le rend présent tous les jours, en en parlant et en effectuant les rituels. Se mettre à genoux, psalmodier, prendre les postures de la prière, c'est agir sur la représentation en laquelle on veut croire.

Ce n'est pas le cas de ceux qui rencontrent Dieu au cours d'une « nuit de feu[1] »... Ils en ont un besoin urgent parce qu'ils ressentent une angoisse mortelle qui côtoie une extase sublime. Ceux-là ne savaient pas qu'ils cherchaient Dieu. Ils le découvrent soudain, comme une révélation, une image, une lumière, un acte par lequel Dieu révèle sa volonté et éclaire le monde.

---
1. Schmitt É.-E., *La Nuit de feu, op. cit.*

C'est pourquoi Dieu prend des formes différentes selon la manière dont le croyant le rencontre. Quand le groupe est stable et serein, Dieu prend la forme d'une force surnaturelle bienveillante. Certains jeunes, euphorisés par un tel événement, veulent devenir religieux afin de partager leur éblouissement métaphysique. Mais quand Dieu a été révélé au cours d'une période terrifiante, quand le malade comprend qu'il est aux portes de la mort, quand le persécuté découvre l'Enfer, la déité prend la forme d'une entité protectrice à laquelle le désespéré s'accroche comme un noyé à sa planche.

Il arrive que le croyant soit torturé par une culpabilité imaginaire. Dans ce cas, celui qui croit en Dieu dispose d'une panoplie de comportements d'expiation : il peut se flageller, se scarifier, se mordre les lèvres, se tordre les mains, se taper la tête contre les murs, donner la moitié de son manteau, distribuer son argent, se dépouiller, se consacrer aux autres au détriment de lui-même, s'arranger pour échouer à ses examens ou saboter ses relations puisqu'il croit qu'il ne mérite pas le bonheur. Il peut marcher à genoux sur le parvis d'une église, se battre la coulpe... et s'infliger une infinité d'autopunitions qui le mènent à un apaisement de l'âme. Quand le bonheur est insupportable, la souffrance apporte un soulagement.

La grande variété d'entités divines nous fait penser que la religion est une aide paisible pour ceux qui avaient acquis un attachement sécure[2]. Ils aiment gaiement

---

2. Zuckerman M. D., Kasl S. V., Ostfeld A. M., « Psychosocial predictors of mortality among the elderly poor. The role of religion, well-being, and social contacts », *American Journal of Epidemiology*, 1984, 119 (3), p. 410-423.

Dieu comme ils aiment les hommes, ils éprouvent le bonheur de partager leur bonheur avec les plus vulnérables. L'apaisement que leur apporte la relation d'aide explique pourquoi la religiosité est plus forte chez les pauvres, les vieux, les femmes, les peu éduqués et les groupes où un dominateur impose sa loi[3].

La forme que Dieu prend pour chaque croyant dépend autant de son développement personnel que de l'évolution de son contexte culturel. Avant la Seconde Guerre mondiale, les débats les plus fréquents dans les milieux catholiques concernaient le péché. Après la guerre, ce thème a cédé la place à l'amour, qui est aujourd'hui le mot préféré des Catholiques. Les Musulmans qui, en France, votaient plutôt à gauche parce que dans les années 1950 les communistes avaient soutenu l'indépendance de l'Algérie ont brusquement viré à droite depuis que la société a accordé aux homosexuels le droit de se marier. Pour eux, le mariage gay est une humiliation, une ridiculisation d'une cérémonie religieuse essentielle pour leur croyance. Les athées acceptent sans peine la pratique de l'avortement et le mariage homo, alors que les Hindous, les Bouddhistes et surtout les Musulmans sont indignés par cette évolution des mœurs qui chamboule la hiérarchie de leurs valeurs morales[4]. Les Catholiques et les Protestants s'indignent des inégalités sociales, alors

---

3. McIntosh D. N., Silver R. C., Worman C. B., « Religion's role in adjustment to a negative life event : Coping with the loss of a child », *Journal of Personality and Social Psychology*, 1993, 65 (4), p. 812-821.
4. Malka A., « Religion et attitudes politiques à travers le monde », *in* V. Saroglou (dir.), *Psychologie de la religion, op. cit.*, p. 208-209.

que les Hindous et les Musulmans s'y résignent plus facilement.

Chaque groupe religieux se caractérise par une manière de voir le monde, de le penser et de s'y comporter. Mais quand la société se dilue, les processus archaïques de socialisation resurgissent et la loi du plus fort gouverne à nouveau. Alors les croyants se replient dans le groupe où ils se sentent protégés. C'est ainsi que se met en place une morale perverse. Les religieux sont solidaires de ceux qui partagent les mêmes croyances, mais ignorent le monde mental des autres et en viennent parfois à se réjouir des malheurs qui frappent ceux qui ne croient pas comme eux, ce qui peut être considéré comme une perversion collective.

En ce sens, le communautarisme est une adaptation à la défaillance culturelle. Quand on ne peut plus fabriquer de structures sociales, quand on se sent mal au sein d'un trop grand nombre d'individus, alors on se réfugie auprès des familiers. C'est une légitime défense, mais dans ce cas l'empathie s'arrête. La capacité à se soucier de la souffrance des autres n'est plus possible dans un grand nombre, on ne peut pas se mettre à la place de tous les humains de la planète ; alors on les laisse mourir.

La culpabilité qui freine nos pulsions aurait donc un effet moral. Quand on découvre que notre désir peut faire du mal à l'Autre, l'empathie freine le passage à l'acte : on ne peut plus tout se permettre. Le tout-petit met plusieurs années pour découvrir que les autres ont un monde mental différent du sien. Ce processus d'orientation vers l'autre ne s'effectue que si l'enfant sécurisé éprouve le plaisir d'explorer un monde différent du sien. Quand la niche affective fonctionne mal, le petit reste autocentré, ignorant que d'autres mondes existent. Il ne parvient pas à comprendre que l'expression sans frein de son désir peut faire du mal à l'autre. Après avoir été pervers jusqu'à l'âge de 4 ans, nous redevenons pervers dans une culture du grand nombre. Le moment de moralité que produit l'empathie se situe entre le faible développement de soi qui rend inaccessible l'altérité et un contexte de surpopulation qui provoque une anomie. Pourrait-on dire que nous sommes des êtres moraux coincés entre deux moments pervers ? Cela expliquerait pourquoi les religions, tout en étant morales, commettent leur part de crime… en toute innocence, et comment toute personne épanouie peut un jour redevenir perverse[5].

On a besoin de bordures culturelles pour caractériser le groupe d'appartenance où l'on se sent sécurisé. On a besoin d'un cadre verbal pour énoncer la loi qui définit ce qui est faisable et nous dit à partir de quel comportement on devient transgresseur. À l'inhibition affective acquise au cours de notre développement s'ajoute l'interdit énoncé par la loi. La religion assume ces deux fonctions : le groupe d'appartenance est dessiné par les vêtements, les coupes de cheveux, les lieux où l'on se rencontre, la famille, la société et Dieu. Quant à l'énoncé de la loi, on peut le critiquer quand il est humain, mais l'énoncé divin, lui, n'est pas discutable.

---

5. Cyrulnik B., Todorov T., « La tentation du Bien est beaucoup plus dangereuse que celle du Mal », *Le Monde*, 30 décembre 2016.

C'est pourquoi on aime le Dieu punisseur. Il nous protège en nous disant comment il faut se comporter pour être estimé. Désormais le monde est clair, Dieu nous a donné le mode d'emploi. Il suffit de s'habiller comme il faut, de prier comme il faut, de se comporter comme il faut, de façon que le conformisme nous moralise et nous sécurise.

Les limites émotionnelles et les cadres verbaux ne cessent de changer, l'organisme évolue, l'écologie se modifie et les variations d'interdits enflamment les cultures. Il y a quelques dizaines de milliers d'années, quand nous vivions en bandes et que nous survivions grâce à la cueillette, qui ne nécessite pas une organisation sociale très compliquée, le désordre était provoqué par le meurtre d'un voisin ou le viol de la femme de son prochain. Dieu, en interdisant ces actes, apaisait le groupe. La pulsion sexuelle, circuitée par l'interdit de l'inceste, organisait une structure sociale fondamentale : « L'acte sexuel, biologiquement possible avec ta fille ou ta mère, provoque une représentation insupportable, c'est un crime majeur. » Après un tel énoncé, le groupe structuré par cet interdit connaissait la paix.

Mais les mots sont des organismes vivants qui ne cessent d'évoluer dans une culture qui ne cesse de changer. Le mot « père » ne désigne pas le même homme selon la culture. Les beaux-pères peuvent se sentir pères et se représenter que la fille de leur femme est devenue leur vraie fille, elle sera donc interdite. Mais il arrive que certains beaux-pères ne se sentent pas pères. Au Moyen Âge, le mot « inceste » a désigné un acte sexuel entre apparentés jusqu'au quatorzième degré de computation germanique, ce qui revient à dire qu'un grand nombre de cousines étaient interdites. Aujourd'hui cette relation ne s'appelle plus « inceste », on ne parle plus de l'inceste spirituel avec sa marraine ou son parrain devant Dieu. Chez les Pygmées du Congo, toutes les femmes du côté maternel sont appelées « mères » et interdites. Dans la Haute Égypte, à l'époque de la dynastie des quinze Ptolémée, l'inceste était recommandé. Il était moral de s'accoupler entre rois et reines, pour éviter l'immoralité d'avoir des relations sexuelles avec des êtres inférieurs. En 2010, l'analyse ADN a révélé que les deux parents de Toutankhamon étaient frère et sœur et que Néfertiti avait pratiqué l'inceste royal pour mettre au monde ses sept enfants, tandis que le frère d'Arsinoé faisait sculpter des statues révélant le merveilleux corps de sa sœur qu'il avait épousée et dont il était amoureux[6].

Le mot « inceste » désigne une relation interdite quand il s'agit d'une mère et de son fils, mais les limites sont variables selon les définitions culturelles et les sentiments personnels. Pourtant, l'énoncé qui interdit est nécessaire au groupe, car, lorsque la famille n'est pas structurée par ce tabou, l'enfant manque de cadres, de repères sécurisants et son développement douloureux prend l'effet d'un traumatisme incessant quand l'agresseur passe à l'acte sans éprouver la moindre culpabilité[7].

---

6. Donelly-Carney E., *Arsinoë of Egypt and Macedon. A Royal Life*, New York, Oxford University Press, 2013.
7. Dussy D. (dir.), *Le Berceau des dominations. Anthropologie de l'inceste* et *L'Inceste, bilan des savoirs*, Marseille, Les Éditions La Discussion, 2013.

CHAPITRE 17

VALEUR MORALE DE LA SOUFFRANCE
ET DE LA CULPABILITÉ

Après l'explosion culturelle de Mai 68, on a souvent entendu qu'il était interdit d'interdire. Ce joli slogan était inspiré par un psychanalyste (William Reich), un philosophe (Herbert Marcuse) et un pédiatre (le docteur Spock). Ces auteurs soutenaient qu'il suffisait de supprimer les interdits pour faire disparaître les névroses. Pendant les décennies qui ont suivi cette libération, il a fallu déchanter et constater que, malgré l'amélioration des conditions matérielles et éducatives, les souffrances psychiques n'avaient pas diminué.

L'interdit aurait-il un effet tranquillisant ? L'ontogenèse de l'empathie nous a démontré qu'une petite dose de culpabilité était nécessaire pour vivre ensemble : « Quelque chose s'inhibe en moi et, même quand il n'y a pas de loi, je ne peux pas tout me permettre. » Ce sentiment qui freine nos pulsions constituerait-il le fondement d'une culpabilité saine ?

Il faut à nouveau préciser que la neuro-imagerie nous a fait découvrir que lorsqu'un enfant passe les premières années de sa vie dans une niche sensorielle appauvrie par un malheur survenu dans son milieu (mort d'un parent, maladie, chômage ou précarité sociale), le manque de stimulations de ses lobes préfrontaux provoque une atrophie apparente. Or la fonction principale de ces lobes consiste à anticiper et à freiner les réactions émotionnelles de l'amande rhinencéphalique enfouie dans les hémisphères. Désormais, pour cet enfant, la moindre information fait l'effet d'une agression à laquelle il réagit par la fuite, l'inhibition ou l'agression défensive. Un tel enfant, difficile à aimer, apprend mal à parler et à se socialiser. Il ne peut pas acquérir les trois régulateurs de l'émotion

- le contrôle neurologique
- la maîtrise verbale
- et la normalisation par les rituels culturels.

Son émotivité déchaînée empêche l'harmonie des relations, le rend très malheureux et souvent suicidaire[1]. Il connaît la loi, mais ne peut pas s'empêcher de passer à l'acte. Ce court-circuit mental l'empêche d'anticiper le mal qu'il va faire en ne freinant pas ses pulsions.

Puisque le bonheur et le malheur fonctionnent ensemble comme un couple d'opposés, nous pouvons décrire une culpabilité morbide, une peur constante de faire du mal à ceux qu'on aime qui mène parfois à la conviction qu'on a commis un crime : « J'ai peur

---

1. Bateman A., Fonagy P., *Mentalization-Based Treatment for Borderline Personality Disorder*, op. cit.

de transgresser sans le faire exprès » mène à « J'ai dû transgresser sans le faire exprès ». Une telle culpabilité morbide est la règle chez les femmes qui souffrent de phobies d'impulsion après un accouchement : « J'ai peur de faire du mal à mon bébé », ou chez les mélancoliques délirants : « J'ai ruiné ma famille, je suis responsable des malheurs qui leur arrivent... Il faut me punir... Je mérite la mort. »

Le psychopathe connaît la loi, mais ne peut pas s'empêcher de la transgresser. Le pervers entend parler de la loi, mais n'en tient pas compte puisque seule sa jouissance compte. Et le mélancolique écrasé par la loi, toujours coupable, réclame des punitions pour se sentir mieux, apaisé par la souffrance qu'il a bien méritée.

Cette réaction psychologique, totalement contre-intuitive, est facile à illustrer par la clinique et la neuro-imagerie. J'ai le souvenir de patients torturés par une culpabilité que je trouvais imaginaire, mais qui était une évidence pour eux : « Je me suis acheté une paire de chaussures, disait l'un d'eux, avec l'argent destiné à aider ma fille dans ses études. Si elle échoue, ce sera à cause de moi. » Son visage exprimait l'angoisse et le désespoir, puis il cachait sa face derrière ses deux mains : « Qu'est-ce que j'ai fait ! Qu'est-ce que j'ai fait ! »

La neuro-imagerie peut expliquer cette curieuse culpabilité. L'émotion torturante provoque une hyper-consommation d'énergie dans une région cérébrale composée par le cortex fronto-polaire, le cortex orbito-frontal, le cortex dorsomédial et le cortex temporal antérieur. Deux zones profondes s'allument et passent au rouge : l'amande rhinencéphalique et l'aire cingulaire antérieure[2]. Elles permettent l'anticipation et constituent le substrat neurologique des émotions insoutenables. Elles ne s'allument jamais quand le lobe préfrontal est abîmé par un accident ni dans les démences fronto-temporales où les neurones agglutinés ne peuvent plus fonctionner. Ces patients passent à l'acte sans aucune culpabilité, ils peuvent insulter ou bousculer tout le monde sans éprouver la moindre gêne, alors qu'ils étaient soucieux de l'Autre avant de tomber malades. Dans les dépressions majeures où le sujet est abattu, anxieux et torturé par des représentations insoutenables, ces aires cérébrales consomment beaucoup d'énergie. Il suffit de leur demander de faire un énorme don altruiste (beaucoup d'argent, un objet important, un renoncement à un plaisir) pour qu'aussitôt cette « zone des émotions de culpabilité » s'apaise et que le dépressif se dise soulagé[3].

Le don de soi, le sacrifice ou l'auto-agression auraient-ils un effet apaisant ? J'ai souvent été frappé par le comportement de certains schizophrènes hurlant de terreur et se débattant pour fuir leurs hallucinations. Il leur arrivait parfois de briser une fenêtre et de s'entailler profondément l'avant-bras. Alors, ils se calmaient et venaient se faire soigner à l'infirmerie. Pendant que je recousais les plaies, nous bavardions tranquillement. J'avais affaire à des gens soudain

---
2. Wagner U., N'Diaye K., Ethofer T., Vuilleumier P., « Guilt-specific processing in the prefrontal cortex », *Cereb Cortex*, 2011, 21 (11), p. 2461-2470.
3. Pulcu E., Zahn R., Moll J. *et al.*, « Enhanced subgenual cingulate response to altruistic decisions in remitted major depressive disorder », *NeuroImage Clin.*, 2014, 4, p. 701-710.

équilibrés, alors qu'ils étaient terrorisés avant la blessure physique[4]. L'apaisement d'une douleur intolérable est obtenu en s'infligeant une autre douleur plus supportable. Cela correspond-il à l'« effet porte » ? Quand une douleur physique sature les voies neurologiques de la douleur, elle empêche la transmission d'une douleur plus intense. L'autopunition, la flagellation, les scarifications, les scénarios d'expiation, les comportements de rachat possèdent un effet apaisant chez ceux qui souffrent d'une culpabilité infernale.

Les joggeurs au visage torturé se sentent bien après la course à pied ! Les danseuses acceptent de chuter et de recevoir des coups de pied involontaires de leur partenaire pour obtenir un ballet parfait. Les alpinistes supportent la faim, le froid et l'épuisement physique pour fabriquer une belle représentation de soi qui va embellir toute leur vie. La pire des souffrances viendrait-elle du non-sens ?

Victor Frankl disait qu'on ne pouvait supporter le monde que si l'on avait « la volonté de sens ». Pendant ses années à Auschwitz, il avait été en agonie psychique. Il s'étonnait de se regarder mourir avec un étrange détachement, et même une certaine curiosité. Il lui a fallu quelques mois pour découvrir que ce qui l'empêchait de se laisser aller à la mort, c'était un arbre au tronc noueux, un coucher de soleil ridiculement beau, le surgissement d'un souvenir d'enfance, une image lointaine qui revenait par surprise. Puisqu'il n'y a pas de vie sans

---
4. Fontenelle L. F., Oliveira-Souza R. de, Moll J., « The rise of moral emotions in neuropsychiatry », art. cit., p. 411-420.

souffrance, disait-il, il faut bien qu'elle ait un sens. Mais comment peut-on donner sens à l'horreur ? « Celui qui a un "pourquoi" peut vivre avec n'importe quel "comment" », aurait pu lui répondre Nietzsche[5]. Mais on ne peut donner sens que si l'on associe un rêve d'avenir avec un souvenir de relations affectives. Le sens métamorphose la manière dont on perçoit le présent, même s'il est douloureux. Le coureur de fond qui grimace de douleur donne sens à sa souffrance en espérant courir mieux. Quand le lendemain il recommence, ce n'est pas qu'il aime souffrir, c'est l'espérance de progrès qui métamorphose la douleur : « Je souffre pour... »

Il est donc possible d'agir sur la souffrance et d'en tirer bénéfice. L'élaboration mentale est l'outil qui donne cette possibilité de transformation. Le mot, dans sa sagesse, nous explique que « élaborer » vient de *labor* qui voulait dire « souffrance au travail ». Au cours d'une épreuve qui demande un effort, un laborieux travail physique ou mental vaut la peine qu'on se donne pour surmonter l'affliction[6].

Ce travail d'élaboration qui « vaut la peine » peut se faire au cours d'une psychothérapie, d'une étude de textes sacrés ou d'une création artistique. Dans ces situations, l'élaboration modifie la manière dont fonctionne le cerveau et, quand ce travail est répété, la structure de certaines zones cérébrales est à son tour modifiée.

---

5. Allport G. W., préface au livre de V. Frankl, *Découvrir un sens à sa vie*, Paris, J'ai lu, 2013, p. 10.
6. Rey A., *Dictionnaire historique de la langue française*, op. cit., p. 1138.

CHAPITRE 18

L'ÉLABORATION MENTALE
MODIFIE LE CERVEAU

La neuro-imagerie permet de préciser cette information. Les chauffeurs de taxi londoniens, pour obtenir leur licence, doivent parcourir la ville à vélo et s'exercer à se représenter les trajets qu'ils auront à faire. Une résonance magnétique fonctionnelle a été réalisée avant cet entraînement, puis après quelques années de pratique. On a pu photographier comment les élaborations spatiales quotidiennes finissent par provoquer une hypertrophie des circuits de neurones limbiques, socle de la mémoire et des émotions[1]. C'est l'élaboration mentale qui a entraîné l'augmentation des connexions synaptiques des neurones, car la même observation, réalisée avec des chauffeurs de bus, n'a montré aucun changement neurologique. Les chauffeurs de taxi devaient à chaque course exercer leur aptitude à la représentation

---
1. Maguire E. A., Woollett K., Spiers H. J., « London taxi drivers and bus drivers : A structural MRI and neuropsychological analysis », *Hippocampus*, 2006, 16 (12), p. 1091-1101.

spatiale, alors que les chauffeurs de bus n'avaient pas eu à résoudre ce genre de problème. Ce n'est pas l'action ni le stress de la circulation qui avait modifié la matière grise de cette zone cérébrale, puisque les conditions étaient les mêmes pour tous les conducteurs ; c'est le travail de représentation dont seuls les chauffeurs de taxi avaient eu besoin qui avait augmenté le volume de la partie postérieure du circuit limbique.

Quand la même observation a été réalisée avec des personnes souffrant de dépression majeure, une modification analogue du cerveau a été constatée[2]. Un groupe de vingt-quatre dépressions majeures a passé une résonance magnétique avant de se rendre à une série de séances de psychothérapie : l'atrophie du cortex préfrontal était nette et l'amande rhinencéphalique hypertrophiée s'allumait à la moindre émotion. Après quelques mois de travail en psychothérapie, ces dysfonctionnements ont disparu. Mieux même, le gyrus denté, une zone médiane du circuit limbique, était hypertrophié sous l'effet du travail de la réflexion et des émotions associées. Un autre groupe de dépressifs majeurs avait refusé la psychothérapie. Quand, quelques mois plus tard, ils ont accepté de passer un scanner de contrôle, l'atrophie préfrontale et les vives réactions de l'amygdale étaient inchangées. C'est bien le travail psychique qui avait modifié le fonctionnement et la structure de ces zones cérébrales.

La vulnérabilité neuroémotionnelle acquise lors d'un malheur de l'existence avait été remaniée par le

---

2. Beauregard M., « Functional neuroimaging studies of the effects of psychotherapy », *Dialogues in Clinical Neuroscience*, 2014, 16 (1), p. 75-81.

travail de la parole. L'exercice qui consistait à, intentionnellement, aller chercher dans son passé des images et des mots pour en faire un récit adressé à un psychothérapeute avait modifié le circuitage des neurones de ces zones cérébrales. Le socle neurologique ne traitait plus les informations de la même manière. La mémoire des événements connotés douloureusement à l'époque de la dépression avait été remaniée par une autre source de mémoire ultérieure. La sécurité affective induite par la relation de confiance s'associait au plaisir de comprendre. Le déprimé désormais reprenait possession de son monde intime.

« Le récit est constitutif de l'identité d'un individu, mais aussi du groupe dans lequel il fait son récit[3]. » Quand le milieu est insécurisant, le déprimé a du mal à se confier : « Vont-ils rire de moi ? mépriser ma souffrance ? » Une telle discordance entre le blessé et son milieu a été fréquente après les attentats de *Charlie Hebdo* à Paris. Je me souviens de ce dessinateur dont le coude avait été fracassé par la balle d'un terroriste. Il ne parvenait pas à s'exprimer parce qu'un témoin lui avait dit : « Vous l'avez bien cherché. » Sidéré par cette phrase, il ne pouvait plus penser.

Le travail de la parole, de la mémoire et des émotions nécessite un milieu accueillant. Quand le déprimé s'exprime dans une relation de confiance, l'amygdale rhinencéphalique s'éteint progressivement, ce qui prouve l'apaisement émotionnel. Mais si elle « flambe » encore,

---
3. Andruétan Y., « Cerveau et événement », *La Psychiatrie en milieu militaire*, Paris, Elsevier-Masson, 2013, p. 46.

c'est que le déprimé ne se sent pas en confiance et que l'élaboration psychothérapique ne se fait pas[4].

Dans un contexte où la religion structure le groupe, sécurise les blessés et solidarise les réactions, le déprimé bien accueilli se sent capable de remanier sa mémoire douloureuse. Quand la religion organise le contexte culturel, elle a un effet thérapeutique. Jésus est thérapeute quand « il nous permet de changer l'image que nous avons de nous-mêmes[5] ». La neuro-imagerie confirme l'effet thérapeutique de Jésus et nous explique comment ça marche.

---

4. Hayes J., « Reduced hippocampal and amygdala activity predicts memory distortions for trauma reminders in combat-related PTSD », *J. Psychiatr. Res.*, 2011, 45 (5), p. 660-669.
5. Grün A., *Jésus thérapeute. La force libératrice des paraboles*, Paris, Salvator, 2011.

CHAPITRE 19

INCERTITUDES CULTURELLES
ET EXTRÉMISME RELIGIEUX

On constate, à chaque période d'incertitude culturelle, une augmentation des formes radicales de religiosité[1]. Quand le milieu devient incohérent, quand les valeurs bouillonnent en tous sens, les individus sont désorientés, leur monde n'est plus clair, le code des conduites est tellement incertain que le sujet ne sait plus à quoi se tenir : « Travailler ou décrocher, choisir un sexe ou un autre, faire une famille ou rester seul, tout ça c'est bien pareil. » Le brouillage de la hiérarchie des valeurs crée une errance psychologique. Dans un tel contexte culturel, le penseur qui apporte la lumière et montre le chemin prend un effet sécurisant. On respire avec lui, on oriente nos efforts, on ne flotte plus, on construit. Le besoin de réassurance et de vision claire explique le phénomène actuel du retour du religieux et de l'intégrisme. Les parents démocratiques,

---
1. Armstrong K., *The Case for God*, New York, Alfred A. Knopf, 2009.

en respectant la liberté de leurs enfants, décident de les laisser libres de leur choix religieux, ce qui provoque une incertitude. Or c'est dans la brume qu'on est avide de clarté. À la surprise des proches, les jeunes se convertissent à une religion autoritaire ou retrouvent les racines religieuses enfouies dans l'histoire familiale. Ce sont les enfants qui, aujourd'hui, apprennent à leurs parents les rituels du judaïsme presque effacés depuis plusieurs générations. D'autres éducateurs tolérants et égalitaires qui n'ont pas voulu contraindre leurs enfants à une croyance rigide sont surpris et malheureux quand les jeunes se convertissent à un islam rigoureux. Le processus démocratique qui a donné la liberté de choix aux enfants dérive vers une religion totalitaire : il n'y a qu'un seul Dieu, une seule vérité, une seule pratique de rituels, tous ceux qui s'en écartent sont des mécréants qui altèrent la certitude dont nous avons besoin. Le retour de l'angoisse facilitée par le doute explique pourquoi les dissidents sont plus haïs que les ennemis. Avec les opposants, la situation est brutale, mais claire, alors que le proche qui s'éloigne d'un point de la doctrine fragilise l'édifice mental qui nous apaisait. Toute divergence est éprouvée comme une agression, toute autre religion devient rivale ou fausse croyance[2]. C'est pourquoi les nouveaux convertis sont faciles à blesser. À peine se sentaient-ils mieux, sortis de la brume des incertitudes, que le douteur risque de les faire rechuter. Pour eux, l'action violente est une

---

2. McGregor I., Haji R., Nash K. A., Teper R., « Religious zeal and the uncertain self », *Basic and Applied Social Psychology*, 2008, 30 (2), p. 183-188.

légitime défense[3]. Les journalistes et les artistes qui s'efforcent de penser par eux-mêmes se retrouvent en situation de dissidence. Dans une dictature religieuse, il devient moral de les emprisonner, car ils agressent le groupe stabilisé par des certitudes. Il arrive qu'un scientifique se retrouve en situation de dissidence parce qu'il propose une innovation. Il est, lui aussi, agressé par ceux qui ont fait carrière en récitant les certitudes qui leur ont donné leurs diplômes et leur poste.

Les parents démocrates étaient fiers de leur esprit tolérant quand ils donnaient toutes les libertés à leurs enfants, quand ils acceptaient que leurs adolescents aient des relations sexuelles sous leur toit. Les religieux, à l'opposé, sont fiers du contrôle de leurs pulsions[4]. Quand les parents ont lutté contre l'excès d'autorité de leurs propres parents, ils étaient fiers de leur tolérance : « Nous ne sommes pas des oppresseurs, nos enfants seront libres grâce à notre esprit ouvert », disent-ils sans se rendre compte que la tolérance parentale, en supprimant les cadres, désoriente les jeunes.

Mais les parents ne sont pas seuls à élever les enfants et, dans une culture sans cadre, les jeunes déboussolés suivent celui qui les éclaire. Contrairement à leurs parents qui répétaient qu'il est interdit d'interdire, ils sont fiers d'inhiber leurs pulsions. C'est ainsi que l'on peut voir de gentilles familles chrétiennes ou

---

3. Hogg M. A., Adelman J. R., « Uncertain-identify theory : Extreme groups, radical behaviour, and authoritarian leadership », *Journal of Social Issues*, 2013, 69 (3), p. 436-454.
4. Burris T., Petrican R., « Religion, émotions négatives et régulation », *in* V. Saroglou (dir.), *Psychologie de la religion, op. cit.*, p. 89-107.

musulmanes qui, après avoir bien fait leur boulot de parents, deviennent malheureuses quand leurs enfants s'engagent dans une religion extrême. L'attachement a été bien tissé, mais les adolescents qui ont besoin de cadres et d'épopée à un âge où il faut tenter l'aventure sexuelle et sociale se laissent embobiner par un gourou qui récupère ces jeunes avides de situations intenses. À l'inverse, quand les parents trop autoritaires écrasent le développement de leurs enfants, les jeunes tentent de s'engager dans un groupe tolérant. Il faut vraiment un village pour élever un enfant et lui laisser un choix qui évite les extrêmes.

Le simple fait d'être religieux donne bonne conscience puisqu'il suffit de respecter les règles. Quand Dieu nous indique la voie, la vie prend sens pour mériter une autre vie après la mort. En cas de malheur, on peut compter sur la solidarité des coreligionnaires. Ces avantages dépendent du contexte. Quand on meurt de soif, un verre d'eau fraîche constitue un événement extraordinaire. Mais quand on a beaucoup bu et que le climat est froid, le même verre d'eau provoque une répulsion. Il en va de même pour le besoin de Dieu : « Les gens qui rencontrent des circonstances faciles sont moins religieux, et la religiosité ne leur apporte pas de bénéfices en termes de satisfaction des besoins liés au soi, d'estime de soi et d'appartenance[5]. »

La menace d'exclusion, le sentiment de solitude activent la recherche d'attachement dont la religiosité est une thérapeutique. Une société sécurisante et un État

---
5. Saroglou V. (dir.), *Psychologie de la religion, op. cit.*, p. 66.

protecteur, en évitant les stress, diluent les liens sociaux et le besoin de religion. Le Danemark est l'exemple d'un tel processus où le succès social rend inutile la religion. Dans ce pays heureux où l'athéisme règne, chacun est attentif à l'autre. Les vélos innombrables appuyés contre un mur, sans cadenas, attendent le retour de leur propriétaire. Les parents se coordonnent autour de leurs enfants, et les enseignants parlent aux élèves sans élever la voix. Dans un tel contexte, tout cadre religieux serait vécu comme une contrainte inutile et un Dieu punisseur ferait l'effet d'un tyran absurde.

Dans un milieu rude, quand on souffre du froid, de la faim ou de la peur, la religion prend un effet sécurisant et solidarisant. Dieu qui nous surveille nous indique la voie et nous punit quand on s'égare. Ce Dieu punisseur était une image de super-père à l'époque où les conditions sociales difficiles héroïsaient les hommes et entravaient les femmes. Quand les mineurs de fond descendaient sous terre pendant quinze heures par jour, six jours par semaine, les femmes en faisaient des héros familiaux. Ils rampaient dans des galeries surchauffées si étroites qu'ils devaient enlever les manches de pioche pour détacher avec le fer des blocs de charbon qui tombaient sur leur dos et parfois sur leur tête. J'ai le souvenir de ces hommes qui, descendus à la mine à l'âge de 12 ans, mouraient de silicose avant la cinquantaine, happant l'air par minuscules goulées pour ne pas s'asphyxier tout de suite. Ils avaient donné tout ce qu'ils avaient gagné à leur femme qui, en échange, s'occupait de la maison, des enfants et du bien-être de leur mari. Était-ce une forme de parité ? Un tel pacte conjugal prendrait aujourd'hui une autre signification. Dans la culture occidentale, les hommes travaillent moins dans ces conditions extrêmes et les femmes savent faire tous les nouveaux métiers largement aussi bien que les hommes. Leur retour à la maison prendrait la signification d'une insupportable injustice.

J'ai vu récemment au Congo RDC des femmes vêtues de robes colorées piocher en faisant des grimaces de douleur. Incapables de ramper dans les boyaux étroits des mines de coltan, elles rêvent de se marier, de s'occuper de leur homme et d'élever les enfants. Dans un tel contexte d'organisation sociale, s'occuper d'un foyer est une libération. En Mongolie aujourd'hui, le couple est une unité affective, sexuelle, sociale et éducative. « Sans ma femme, je ne suis rien », dit ce riche éleveur qui consacre ses efforts à son foyer. « Mon mari est un trésor, grâce à lui nous ne manquons de rien », reconnaît sa femme.

Dans l'Allemagne du XVIIIe siècle morcelée en quelques dizaines de principautés[6], les conditions de vie étaient terribles : sol gelé, maisons glacées, mort des enfants et des femmes, famines, épidémies, guerres chroniques… Dans un tel contexte de souffrance quotidienne, la seule beauté était l'église. Les hommes endimanchés écoutaient les chœurs d'enfants et les dames chapeautées mettaient leurs belles robes. On écoutait les discours édifiants du curé qui élevaient les âmes et donnaient sens à la souffrance. Quand le réel est douloureux, on se réfugie dans la rêverie d'un au-delà

---

6. Rovan J., *Histoire de l'Allemagne. Des origines à nos jours*, Paris, Seuil, 1994.

paradisiaque ou d'un ailleurs merveilleux. À cette époque les Allemands émigraient en Autriche et dans les pays tropicaux d'Amérique du Sud. Les femmes malheureuses héroïsaient les hommes, leur courage, leur force et même leur violence qui les adaptait à ce mode d'existence cruelle. Quand les hommes consacraient leurs bras à un travail de force, ils rentraient épuisés à la maison où les femmes les nourrissaient et parfois les lavaient. Quand l'homme tombait malade, elles ne pouvaient plus rien acheter et la famille ne mangeait plus, quarante-huit heures après. Les hommes souffraient avec fierté, énonçaient la Loi et n'avaient pas la possibilité d'établir avec leurs enfants des relations affectives. On les admirait et on les craignait. Au ciel, un super-papa faisait le même travail. On aimait le Dieu protecteur, on craignait le Dieu punisseur qui jugeait nos actions lors de notre passage sur terre et décidait de notre vie après notre mort lors du Jugement dernier.

Les interdits moralisateurs portent sur le plaisir qui amollit. Il faut se priver de certains aliments, ne pas manger telle viande, jeûner un jour par semaine ou un mois par an selon la religion. Il faut renoncer au plaisir du sexe, de regarder le corps d'une femme ou d'écouter de la musique. La seule aventure valable était celle de la robe du prêtre ou de l'épée du soldat. Les autres... qu'ils se marient, disait saint Paul. Alors on se sent mieux, apaisé et déculpabilisé dans une culture où le plaisir risque de faire disparaître la combativité. Sacrifier le plaisir de vivre prend un effet transcendantal quand on obéit à Dieu. On se sent près de Lui quand on refuse de manger du cochon ou de boire du vin puisque c'est pour Lui qu'on y renonce. Les petits sacrifices possèdent un effet qui solidarise le groupe : un Juif peut inviter un Non-Juif à sa table, mais il ne peut pas manger à la table d'un goy. S'il accepte son invitation par amitié, il peut s'asseoir à sa table, mais il ne mangera pas. Au moment où il s'interdit le plaisir de partager un repas, il pense à Dieu et Lui dédie son abstinence. Il éprouve une élation spirituelle en renonçant au plaisir de la table.

Toutes les religions ont découvert cette procédure. Pour faire pleuvoir, il faut sacrifier un poulet ou acheter des cierges. Pour empêcher le soleil de tomber sur la terre, il faut immoler un enfant. Pour intervenir auprès du Dieu qui a envoyé une maladie à un proche, il faut faire un don à une œuvre qui soigne ces malades. Les polythéistes eux aussi sacrifient à leurs dieux, mais comme ils sont moins métaphysiques, plus naturels pourrait-on dire, donc plus accessibles, leurs dieux s'accouplent avec des êtres humains, et se disputent entre eux.

La religion catholique utilise souvent l'effet réparateur de la pénitence. Après l'assassinat du père Hamel à Saint-Étienne-du-Rouvray (2016), l'église était souillée par le sang et les débris d'objets et de corps humains. Tout fidèle entrant dans cette église se sentait oppressé par l'évocation du crime. L'usage impie de l'église avait profané sa pureté. Il a fallu faire un rite pénitentiel de réparation, enlever les fleurs et les objets du culte, bénir l'eau et en asperger les murs pour laver la souillure. Ensuite seulement, on a pu remettre les fleurs, les objets, le pain et le vin. Quand la pureté est revenue, l'église a pu accueillir une messe où ses fidèles ont pardonné aux profanateurs. Un scénario pénitentiel, en ajoutant dans la mémoire une cérémonie de réparation, a enfoui l'horreur et l'église est redevenue fréquentable. Ce leurre spirituel ne peut marcher que parce qu'il met en scène ce qu'on espère au plus profond de soi.

Une vision binaire du monde nous offre des leurres pour maîtriser l'angoisse. Quand on pense que tout ce qui n'est pas grand est petit, que tout ce qui n'est pas fort est faible, que tout ce qui n'est pas homme est femme, une telle vision claire constitue une arme pour attaquer ce qui pourrait nous nuire. « Si je fais le bien, je serai récompensé ; donc, si je fais le mal, je serai puni. » Il faut prendre un peu de recul pour découvrir que le couple d'opposés du Bien et du Mal est composé par un assemblage d'inhibitions émotionnelles – « je ne peux pas tout me permettre », « ceci est bien, cela est mal ». Celui qui se soumet aux énoncés qui mènent au Paradis craint moins la mort puisque, ayant obéi, il vivra mieux après sa disparition de la terre. Mais la pensée binaire nous amène aussi à croire que celui qui a fait le mal en ne se soumettant pas sera réincarné sous forme de singe ou brûlera éternellement dans les flammes de l'enfer. Dans ce cas, la transgression aggrave le malheur de la mort. L'insoumis disposait d'une conduite à tenir pour aller au Paradis, il a préféré la jouissance immédiate, il est donc moral qu'il paie un prix exorbitant. Il lui suffisait de renoncer à un plaisir instantané, mais il n'a pas voulu faire ce petit sacrifice qui lui aurait permis de mieux vivre plus tard, éternellement. Tant pis pour lui, il a choisi.

La réaction binaire explique pourquoi certaines personnes, torturées par la souffrance de vivre, éprouvent de la haine pour tout ce qui mène à la jouissance : ce laisser-aller risque de leur coûter une souffrance éternelle. Quand un homme voit le corps d'une femme qu'il érotise, il pense, s'il a acquis un attachement sécure : « La simple présence d'une femme est un moment de bonheur. » Mais s'il a acquis un attachement insécure, ce qui est le cas d'un homme sur trois[7], il risque de juger : « Cette femme déclenche en moi un désir qui m'angoisse. Si, par malheur, je me laisse aller à l'immanence sexuelle, cette femme me mènera à la souffrance éternelle. Toute femme qui montre son corps est dangereuse pour moi. De quel droit m'agresse-t-elle ? Je dois la voiler pour me sentir au calme. »

Les femmes réagissent de la même manière. Celles qui sont sécures pensent : « Cet homme a souri en regardant mon décolleté. J'aime cette complicité, j'apprécie ce moment de gentil bonheur. » Mais une femme insécure se dira : « Les hommes ne pensent qu'à ça. De quel droit manifeste-t-il une expression sexuelle alors que moi, je ne peux pas m'empêcher d'avoir des seins ? »

Pour toutes ces raisons, un croyant rigide accepte de mourir pour une vérité universelle et éternelle. Quand la mort est un malheur relatif, la sexualité peut être transcendée. Ça vaut la peine de combattre la sexualité, ce n'est qu'un petit sacrifice. Un douteur, lui, refuse de mourir pour une valeur relative : « J'ai des moments d'incertitude, il m'est arrivé de changer

---

7. Marvin R. S., Britner P. A., « Normative development. The ontogeny of attachment », *in* J. Cassidy, P. R Shaver (dir.), *Handbook of Attachment, op. cit.*, p. 44-67.

d'opinion en rencontrant d'autres personnes, en lisant d'autres livres, en découvrant d'autres cultures où la hiérarchie des valeurs était différente. J'ai apprécié ces autres manières d'être humain, pourquoi voulez-vous que je meure pour une vérité dont je changerai peut-être demain ? »

La croyance en Dieu participe à la régulation des émotions. Une résonance magnétique fonctionnelle (RMNf) rend visible que l'aire cingulaire antérieure (ACC) qui produit des signaux de détresse en cas de douleur physique ou de conflits relationnels atténue son fonctionnement d'alerte quand le blessé se met en relation avec Dieu par le moyen des rituels de sa religion[8]. Une représentation protectrice qui apaise et donne sens finit par atténuer la perception d'une souffrance.

C'est probablement par cette stratégie neuromentale que les comportements d'expiation et de rachat apaisent l'angoisse et la culpabilité. Quand un croyant souffre de la représentation qu'il se fait de sa faute ou de son péché, il lui suffit d'effectuer un comportement de purification, d'autopunition ou d'altruisme pour apaiser sa douleur mentale.

Il en est de même dans la vie quotidienne quand des petits sacrifices aident à la régulation des émotions. Celui qui parvient à retarder son plaisir immédiat se sent maître de ses pulsions. Quand on est fort et calme, on se socialise facilement, mais quand on est débordé

---

8. Inzlight M., Tullet A. M., Good M., « The need to believe : A neuroscience account of religion as a motivated process », *Religion, Brain and Behavior*, 2011, 1 (3), p. 192-212.

par l'intensité de ses pulsions ou quand la culture exacerbe notre tendance à la culpabilité, les sacrifices peuvent devenir spectaculaires, comme les autoflagellations sanglantes ou les marches à quatre pattes de la Santa Muerte à Mexico où les pénitents, anciens narcotrafiquants, s'automutilent pour apaiser leur culpabilité[9]. Que le sentiment de faute soit provoqué par un acte réel, par une représentation imaginaire ou par une religion répressive, dans tous ces cas, l'autopunition prend un effet moral et apaisant.

---

9. Chesnut R. A., *Devoted to Death : Santa Muerte, The Skeleton Saint*, New York, Oxford University Press, 2012.

CHAPITRE 20

LA SPIRITUALITÉ NE TOMBE PAS DU CIEL

La spiritualité n'est donc coupée ni du corps ni de la culture, elle campe sur ces deux jambes pour se développer vers le ciel et l'abstraction. *Homo sapiens* n'a jamais pensé : « Tiens, si je parvenais à me dégager de la matière et de la sensorialité, j'aurais accès au monde de l'esprit divin... » La spiritualité n'est pas tombée du ciel, elle a émergé de la rencontre entre un cerveau capable de se représenter un monde totalement absent et un contexte culturel qui donnait forme à cette dimension de l'esprit.

Avant le néolithique, la nature nous fournissait gratuitement des fruits, des racines, des petits gibiers, des insectes et des charognes abandonnées au coucher du soleil par les prédateurs repus[1]. Soumise aux contraintes naturelles, notre survie était facile quand nous n'étions que quelques centaines de milliers d'êtres humains à habiter sur terre. La révolution néolithique, il y a dix mille à huit mille ans, a organisé une autre stratégie

---

1. Harari Y. N., *Sapiens. Une brève histoire de l'humanité*, Paris, Albin Michel, 2015.

d'existence. Désormais, c'est l'homme qui cherche à contrôler la nature. Il faut attraper les animaux, construire des enclos, cultiver le fourrage grâce aux outils qu'on ne cesse d'inventer. Il faut pour cela agir sur la pluie et le soleil dont dépendent les récoltes. À cet effet nous disposions de l'outil verbal qui pouvait contrôler les forces invisibles qui gouvernaient les mouvements du soleil et des saisons. Les prières et les sacrifices agissaient par la force de l'âme. Les monuments mégalithiques captaient les rayons du soleil que nos chants et nos gestes parvenaient à orienter pour notre grand profit.

Dans ce contexte technologique et mental, nous fabriquions du social avec des règles impératives. Il fallait traquer un animal, le mettre à mort et répartir les morceaux selon la hiérarchie du groupe. C'est la mort d'un être vivant qui permettait notre survie et notre organisation sociale. Puisqu'on pouvait agir sur le réel des corps, des végétaux et des astres grâce aux outils et aux sacrifices, on en a logiquement déduit que l'on pouvait aussi agir sur les forces invisibles qui gouvernent le soleil, la pluie et la fertilité grâce à l'outil des prières. En immolant un enfant on maîtrisait les forces cosmiques, en sacrifiant notre vie on sauvait notre groupe, et en faisant quelques petits renoncements, comme le jeûne ou l'abstinence, on contrôlait la vie quotidienne.

Les meurtriers préhistoriques faisaient du social en donnant la mort : « En commettant un crime [...] on crée la civilisation. Toute société procède de ce meurtre initial[2]. »

---
2. Gay P., *Freud. Une vie*, Paris, Hachette, 1991, p. 580.

La mémoire du meurtre initial qui a lancé le processus de civilisation persiste à travers les générations. Depuis que l'homme-mâle s'est arraché à la nature grâce à sa violence physique et par l'outil et la parole, les valeurs viriles que l'on enseignait aux garçons, comme se battre, donner la mort et souffrir sans se plaindre, possèdent un effet moins socialisant. Comme dans toutes les civilisations, la sacralité a évolué. On sacrifie des hommes en période de guerre, mais en temps de paix on substitue un agneau ou un bœuf, on déploie le sentiment de sacré vers les valeurs morales de la justice et du progrès.

Les femmes-femelles à cette époque étaient proches de la nature. Leurs règles étonnaient tout le monde, les enfants poussaient dans leur corps et le lait leur venait dans les seins. Les femmes étaient naturalisées et les mères divinisées. La Mère créatrice du monde chez les Aborigènes, les déesses callipyges africaines, les divinités fondatrices qui portaient dans leur ventre des chapelets de bébés comme des graines de haricots verts et Marie mère de Dieu sont encore encensées.

Les hommes fabriquent du social grâce à leur violence, alors que les femmes donnent la vie et la préservent, ce qui entrave leur propre aventure sociale. La mythologie néolithique des sociétés modernes raconte une victoire sur la nature et une métaphysique de la mort. Notre capacité à penser l'absence agit sur le réel comme le font la parole, l'imprimerie et Internet. Ainsi se crée un monde virtuel qui modifie le réel.

Les découvertes récentes de la neuro-imagerie expliquent les bénéfices psychiques de la souffrance et du sacrifice, mais c'est la force des récits parlés, écrits ou médiatisés qui explique le retour de la spiritualité. L'observation de la nature mène à l'artisanat, à la construction d'abris de pierre, à l'invention d'armes et d'outils, à la domestication des animaux. Mais c'est le mystère de l'existence qui mène à la spiritualité. Pourquoi la vie plutôt que rien ? Pourquoi la mort des hommes, des animaux et des plantes ? Où va-t-on après la mort ? Dieu est un concept tellement abstrait qu'il n'y a ni perception ni représentation possible, comme une immaculée conception, une idée générale pure, jamais souillée par la matière. Une telle abstraction agit sur notre esprit, donne forme au mystère de l'existence et socialise nos âmes. La procédure spirituelle totalement imperçue agit au plus profond de notre intimité, au point que nous avons besoin d'intermédiaire pour lui donner forme. Les prophètes sont ses porte-parole. Moïse et les femmes prophètes du judaïsme, Jésus, Mahomet et Bouddha traduisent en termes humains ce que cette entité a conçu et que nous ne pouvons percevoir.

Quand on vit dans l'urgence de ne pas mourir, on fait du social avec son corps, on construit un abri, on mange des fruits et des charognes, on protège les petits. Mais quand on prend du recul pour donner sens à la vie, quand on se représente les événements passés, on découvre l'origine métaphysique de notre existence. On échappe au réel pour s'élancer vers Dieu.

Ce travail d'abstraction, on peut le faire sans Dieu. Il suffit d'accepter le mystère de la vie sans chercher à l'expliquer à tout prix. La plupart des êtres humains ont une si grande aptitude à la théorie de l'esprit qu'ils peuvent se représenter les croyances d'un autre, même s'il n'est pas là. « Étrangement, le seul langage qui se réfère directement aux choses, c'est le langage des animaux[3]. » Ils ont besoin de percevoir sur le corps d'un autre quelques indices d'agression ou de motivation sexuelle pour s'adapter à leurs intentions, mais ils ne peuvent pas lire dans leur âme comme dans un livre ouvert. Ils ne savent pas répondre à des représentations totalement non contextuelles, totalement abstraites... et s'y soumettre. Je pense qu'ils ne peuvent pas penser : « Le Dieu des chiens me protège, mais il me punira si je convoite la femelle d'un prochain. » Cette performance intellectuelle, les hommes la réalisent tous les jours, surtout quand leurs conditions d'existence sont difficiles ou quand ils éprouvent une extase qu'ils désirent communiquer.

Entre celui qui croit en Dieu et celui qui n'y croit pas, nous pouvons situer celui qui croit aux superpenseurs, comme Marx, Staline, Freud et bien d'autres. Ces hommes jouiraient d'une intelligence surhumaine qui nous permettrait de comprendre la condition humaine, à condition de bien apprendre leurs idées. Ces maîtres-penseurs possèdent, eux aussi, une fonction sécurisante et socialisante. Pendant des millénaires ce pouvoir était attribué à papa quand il partait à la chasse ou descendait à la mine pour rapporter à la maison de quoi vivre. Nous avions intérêt à lui obéir, notre

---

3. Chomsky N., « Il est évident qu'il existe une nature humaine », *Philosophie Magazine*, mars 2017, 107, p. 12.

bien-être en dépendait. Aujourd'hui maman part à la chasse, elle aussi. Papa impressionne moins sa petite famille. L'image dominatrice et sécurisante est répartie entre les parents, les éducateurs, les philosophes, les écrivains, les comédiens et les chanteurs qu'on voit à la télé. La fonction surhumaine est moins écrasante et plus démocratique, est-elle plus sécurisante ? Ceux qui croient en Mao Zedong, en Socrate ou en Descartes se crispent quand on critique leur rôle intellectuel parce que la référence à ces penseurs surhumains possède un effet socialisant et sécurisant, comme la croyance en Dieu. Partager leurs pensées donne cohérence au groupe. Quand on lit les mêmes livres, les mêmes journaux, quand on va voir les mêmes films et qu'on se réunit pour en parler, on réalise un réseau, en amont d'Internet. Il est plus lent à tisser, mais plus émotionnel. On s'harmonise et on s'affecte en partageant les mêmes idées. Ceux qui critiquent Mao, Socrate ou Descartes altèrent notre harmonie relationnelle. Il faut les éviter et en dire du mal pour préserver notre unité, mais il n'est pas nécessaire de les envoyer au bûcher. Alors que ceux qui accèdent au sacré éprouvent la moindre critique comme un blasphème, une agression contre Dieu qui mérite une extrême punition. L'exclusion, la prison, l'excommunication ou le bûcher sont à la hauteur de l'insupportable blessure. Pour un sans-dieu, c'est une égratignure ; pour un croyant fervent, c'est un épouvantable fracas.

L'esprit démocratique fait évoluer les groupes sociaux vers une créativité désordonnée. Alors, pour éviter le sentiment de chaos, c'est le plus démocratiquement du monde que ces sociétés élisent un dictateur. Lui saura imposer une ligne de pensées claires et un bref catalogue de certitudes. Cette clarté simplifie tellement les problèmes qu'elle mène à la mort de la pensée.

L'accès à la théorie de l'esprit est une ontogenèse, une construction constante de l'idée qu'on se fait des autres. Une telle composition nous permet de vivre ensemble en se référant à une instance commune : papa, Dieu ou un super-penseur.

CHAPITRE 21

DIEU EST MORT, VIVE DIEU

Ceux qui n'éprouvent pas le besoin de religion sacrée acceptent comme un fait l'émerveillement d'être en vie. Ceux qui aspirent au ciel comblent leur désarroi par une représentation divine qui les apaise. C'est pourquoi les croyants remplissent les cultures par des productions qui représentent des divinités invisibles : cathédrales, mosquées, vitraux, bijoux, chandeliers, gobelets, reliques, vaisselle, peintures, sépultures, vêtements, coupes de cheveux, rituels, chants, prières et pèlerinages qui embellissent les cultures et les paysages.

Pour les non-croyants ces objets ne sont que des œuvres d'art qui n'ont pas de transcendance sacrée. L'artisanat est beau, mais il n'a pas pour enjeu de sécuriser, de socialiser ou d'interdire. Il y a sur la planète, aujourd'hui, 500 millions de non-croyants. Ce peuple énorme est moins nombreux que celui des philosophies religieuses orientales, le christianisme et l'islam[1].

---

1. Zuckerman P., « Atheism : Contemporary numbers and patterns », *in* M. Martin (dir.), *The Cambridge Companion to Atheism*, Cambridge University Press, 2006, p. 47-66.

Les êtres humains agnostiques pensent : « J'accepte de ne pas avoir accès à une connaissance de l'au-delà de ce que je peux expérimenter. Le mystère m'amuse mais ne m'angoisse pas. » Les athées affirment : « Je crois que Dieu n'existe pas », ce qui est une croyance. Les laïcs préfèrent croire au peuple plutôt qu'au clergé. Les bouffeurs de curés se sentent agressés par la condescendance des croyants, alors ils les agressent pour se défendre. Les apostats quittent la religion qui s'éteint en eux. Les déconvertis, au cours d'une crise d'adolescence, après une tragédie ou sur le chemin de Damas changent soudain de croyance, espérant devenir autonomes après avoir été soumis à leur croyance passée. Et la majorité des flottants, passifs, se laisse emporter par le vent des croyances qui souffle autour d'eux.

Dans toutes ces situations, le Soi des athées n'a pas besoin de Dieu pour être moral et se soucier de l'autre. Le Soi des religieux est facilement « océanique[2] » puisqu'il accède à un au-delà éternel. Cette illusion bienfaitrice leur fait croire qu'il existe un monde juste, vrai, beau, ailleurs, auquel ils pourront parvenir à condition d'obéir. Dans l'ensemble, la religion renforce la tendance à s'auto-estimer, à ne pas remettre en cause les structures familiales, sociales et culturelles de façon à clairement ressentir son identité dans un monde stable.

Ce sentiment océanique se transmet par l'éducation. Que l'on soit religieux ou athée, c'est par l'interaction affective, plus que par l'argumentation, que ces

---

2. Freud S., « Le malaise dans la culture », *in Œuvres complètes*, tome XVIII : *Psychanalyse* (1927), Paris PUF, 1994, p. 245-333.

styles existentiels franchissent les générations[3]. Les religieux ne sont pas rebutés par les pauvres, les sales, les abandonnés et les handicapés. Ils les côtoient et s'en occupent pour leur bonheur personnel et celui des malheureux. Les athées, plus centrés sur leur propre développement, s'en occupent aussi et s'engagent facilement dans les ONG où ils vont affronter la mort pour en faire une initiation moderne dont ils seront fiers. Les croyants pensent souvent qu'il est immoral d'avoir de l'argent, alors que les athées pensent plutôt qu'il est immoral de gagner de l'argent sans l'avoir mérité. Les héritages sont dilapidés, l'argent gagné à la loterie est claqué et l'argent du jeu est ignoré, donné à n'importe qui, à un clochard, un voisin ou un inconnu. Les religieux ont tendance à penser que le bonheur est moral quand on a beaucoup souffert[4].

Il y a donc mille manières de croire en Dieu ou de ne pas y croire selon que notre contexte familial et culturel nous y invite ou nous en éloigne. Quand les interactions familiales et quand les récits collectifs ne nous parlent pas de l'au-delà, nous apprenons à vivre dans le réel quotidien avec suffisamment de bonheur, tant que la société nous sécurise et que sa bonne organisation nous propose des projets d'existence.

Il arrive qu'une défaillance neurologique ne nous donne pas accès à la théorie de l'esprit. Les autistes ne peuvent pas croire en Dieu puisque leur trouble

---

3. Hood R. W., Hill D. C., Spilka B., *The Psychology of Religion, op. cit.*
4. Vanistendael S., « La résilience a-t-elle un rapport avec la résurrection ? », *Jésus. Les Cahiers du libre avenir*, 2004, n° 120 : *La Résilience. Du voile et autres crucifix*, p. 22-23.

neurodéveloppemental les force à vivre dans un monde contextuel qui les enserre. Ils sont terrorisés à l'idée de franchir un pas de porte parce qu'ils ne parviennent pas à imaginer ce qui est de l'autre côté. Ils sont angoissés comme s'ils étaient au bord d'un précipice ; alors, ils piétinent comme un plongeur qui a peur de se lancer dans le vide. De même, ils n'osent pas apprendre à parler parce qu'ils ne supportent pas que le mot désigne un objet qui n'est pas là. Ça leur donne un vertige. Ils sont terrorisés quand un meuble n'est plus à sa place parce qu'ils éprouvent ce petit changement comme une intense désorganisation de leur milieu. Comment voulez-vous qu'ils croient en un être surnaturel invisible qui voit tout et nous commande d'on ne sait où[5] ?

À l'autre extrémité du spectre autistique, les schizophrènes éprouvent, comme dans un cauchemar, la moindre image, la moindre sensation comme l'évidence d'une perception intense. Ils croient en tout ce qu'ils peuvent imaginer : les fantômes, les ancêtres, les esprits, les ondes que la télévision leur envoie et le dieu qu'ils entendent parler[6]. Cette hyperreligiosité ne plaît pas aux prêtres, qui pensent que puisque ces personnes croient en tout, elles croient en n'importe quoi. Les délires et hallucinations religieuses, qui sont fréquents chez les schizophrènes, témoignent d'une pathologie de la théorie de l'esprit. La représentation chez les psychotiques n'est ni métaphysique ni surnaturelle.

---

5. Norenzayan A., Gervais W. M., Trzesniewski K., « Mentalizing deficits constrain belief in a personal God », *PlosOne*, 2012, 7 (5), p. 836-880.
6. Crespi B. J., Badcock C., « Psychosis and autism as diametrical disorders of the social brain », *Behavioral and Brain Sciences*, 2008, 31 (3), p. 241-320.

Au contraire même, elle est éprouvée comme une perception réelle : « Il faut être fou pour ne pas voir que la Vierge Marie est assise sur le Frigidaire », disent-ils parfois. « Il faut être fou pour ne pas entendre les ordres que Dieu donne aux journalistes pour me persécuter à travers la télévision. »

Pour accéder à Dieu, il faut que l'aptitude à la mentalisation s'articule avec une structure familiale ou culturelle. Pour un enfant autiste, comme pour un encéphalopathe, l'altération de la théorie de l'esprit empêche l'accès à Dieu. Quand un enfant ainsi affaibli grandit dans une famille croyante, il ne parvient pas à comprendre la signification des gestes et des mots qui orientent vers Dieu. À l'inverse, quand un enfant sain grandit dans une culture qui n'évoque pas Dieu, comme aujourd'hui en Suède ou au Danemark où les athées sont fortement majoritaires, il apprend les modes de socialisation et les valeurs morales que lui montrent ses parents, mais il n'hérite pas de l'amour de Dieu[7].

Il arrive que les parents ou les éducateurs soient des croyants rigides. Dans ce cas, un grand nombre d'enfants éprouvent la religion comme un carcan absurde, mais quand l'enfant souffre dans un contexte social difficile, le moindre attachement aux parents, à un prêtre ou à Dieu le protège et le sauve[8]. C'est pourquoi les religieux sont avides de certitudes et de traditions. Pour eux, tout changement est une agression, alors que pour un

---

7. Zuckerman P., *Society without God. What the Least Religious Nations Can Tell Us about Contentment*, New York, New York University Press, 2008.
8. Norris P., Inglehart R., *Sacred and Secular. Religion and Politics Worldwide*, New York, Cambridge University Press, 2004.

incroyant, c'est une aventure stressante et amusante, qui donne la sensation d'exister.

On socialise les âmes en adorant un même Dieu, mais on peut aussi socialiser les esprits en travaillant un même projet. Il est curieux de noter que les scientifiques abstraits, doués pour les mathématiques, la physique ou l'économie, sont nettement plus religieux que les scientifiques humanistes comme les psychiatres, psychologues et sociologues[9]. On pourrait expliquer cette différence en disant que les matheux se servent d'un langage pour découper par la pensée quelques segments de réel imperçu. Une formule mathématique résulte d'un travail d'abstraction presque métaphysique. Alors que les psychologues expliquent les mondes intimes en cherchant les déterminants biologiques, familiaux ou sociaux qui les charpentent. Pour eux, ces informations sont plus proches du réel sensible que des formules mathématiques. Ils n'ont pas besoin de l'hypothèse de Dieu pour faire ce travail de proximité. Cela explique pourquoi il y a peu de travaux sur la psychologie de la religion, alors qu'une immense partie des êtres humains pense sans arrêt à Dieu, se rend chaque jour dans des lieux de prière et organise sa destinée en fonction de sa croyance. C'est pourquoi un médecin peut être à la fois praticien, scientifique et croyant. Il peut étudier l'imprégnation hormonale de la grossesse, connaître les gestes de l'accouchement et éprouver un sentiment métaphysique devant la petite vie qui s'apprête à venir

---
[9]. Gross N., Simmons S., « The religiosity of American college and university professors », *Sociology of Religion*, 2009, 70 (2), p. 101-129.

au monde. Il peut s'occuper d'une femme enceinte avec l'attention et la générosité qui caractérisent les croyants et refuser l'avortement qui, pour lui, est un crime.

Dans toutes les religions, les femmes sont plus facilement croyantes que les hommes. Dans les institutions religieuses il y a trois fois plus de religieuses que de religieux et, dans la vie courante, les églises sont fréquentées surtout par des femmes. Elles ont peu accès à la hiérarchie religieuse dans le catholicisme et dans l'islam, un peu plus chez les Protestants et les Juifs et pourtant ce sont elles qui respectent les dogmes, les rituels et apprennent la religion à leurs enfants[10]. Peut-être est-ce parce qu'elles se sentent toujours sous le regard de l'autre ? Dans leur vie spirituelle, elles sont sous le regard de Dieu, et dans la vie quotidienne, elles sont réellement plus regardées par les enfants, les hommes et par les autres femmes. Peut-être aussi sont-elles plus croyantes parce qu'elles habitent mieux le monde des mots. Très tôt, elles utilisent les mots pour en faire des outils de pensée et de relations affectives[11]. Quand un adulte aimé leur adresse un récit religieux, elles partagent avec bonheur sa croyance. Pour les enfants, c'est un équivalent de déclaration d'amour : « J'aime le Dieu raconté par maman, parce que j'aime maman. » La maîtrise de la relation, le partage de ces représentations créent une communion affective qui apaise tout le monde.

---

10. Vallet O., « Religion et santé mentale », intervention à la conférence de la Ligue française pour la santé mentale, *(Bonne) Santé mentale et société*, Paris, 9 décembre 2016.
11. Barbu S., « Filles et garçons : ensemble, mais le plus souvent à part ? », *Psychomédia*, décembre 2009-février 2010, n° 23 : *Devenir fille, devenir garçon*, p. 29-32.

Quand une divinité énonce les commandements : « Tu aimeras ton prochain... Tu ne mangeras pas d'animaux aux pieds fourchus... », la socialisation est meilleure, car un croyant ne conteste pas un ordre divin. Les fidèles sont plus honnêtes, plus humbles, plus consciencieux que les non-croyants, qui se déterminent plus par eux-mêmes et se demandent pourquoi ils devraient obéir à des injonctions arbitraires[12]. Les croyants sont souvent bénévoles, moins impulsifs, ils marchent à pied, prennent des vitamines et bouclent presque toujours la ceinture de sécurité dans leur voiture[13]. Bien sûr ces enquêtes donnent des vérités populationnelles. Jean-Marie Pelt, écologiste de renommée internationale, était très croyant et refusait de boucler sa ceinture. Ce qui est vrai pour une population n'est pas forcément vrai pour les individus qui composent cette population. Mais dans l'ensemble, être croyant fait vivre dans un monde où l'on respecte les codes, à la différence de l'incroyance.

Les croyants sont préoccupés par les problèmes essentiels : la vie, la mort, la honte, la culpabilité. Ils se réfèrent beaucoup à Celui qui voit et juge. Ils se sentent moraux quand ils obéissent, ils privilégient les émotions abstraites comme la transcendance, l'élation, la gratitude pour Celui qui punit quand on a commis une faute. Après l'effroyable tremblement de terre en Haïti qui a tué 250 000 personnes en une minute, il y a eu une période

---

12. Brooks A. C., *Who Really Cares : The Surprising Truth about Compassionate Conservatism*, New York, Basic Books, 2006.
13. Hill T. D., Burdette A. M., Ellison C. G., Musick M. A., « Religious attendance and the health behaviors of Texas adults », *Preventive Medicine*, 2006, 42 (2), p. 307-312.

d'hébétude tant une telle catastrophe était impensable. Mais dès que la vie est revenue, les survivants ont organisé de ferventes processions où la foule des croyants remerciait Dieu d'avoir envoyé un tel châtiment pour leur apprendre à mieux croire en Lui. Leur extase était mystique ; leur fierté d'obéir, la beauté des chants religieux augmentaient le sentiment fusionnel. En s'approchant de Lui, ils s'élevaient au-dessus de la condition des mortels. Par contraste ils éprouvaient une sorte de condescendance, et parfois même un dégoût pour les sans-dieu qui, ne connaissant pas cette élation, rampent sur le sol.

L'enthousiasme religieux s'adressait à Dieu, mais ne s'orientait pas vers les hommes d'État, rendus responsables de la catastrophe. Pour encourager le peuple traumatisé, les politiciens avaient expliqué dans les médias qu'il fallait « être résilient ». Pour la population, cette injonction signifiait : « Soyez courageux, débrouillez-vous tout seuls. » Total contresens puisque le processus résilient implique, à tous les stades, le soutien affectif, verbal et social. La résilience haïtienne s'est en effet manifestée lors de processions religieuses, des aides entre voisins, de la lutte contre la souffrance et de la métamorphose de l'horreur grâce aux innombrables œuvres d'art que réalisent les Haïtiens[14].

Le surgissement de la spiritualité n'est pas obligatoirement dépendant des institutions religieuses. La spiritualité est universelle, inhérente à la condition humaine, alors que les institutions religieuses dépendent

---

14. Tassel E., « Les Haïtiens, un peuple résilient ? », *Jésus. Les Cahiers du libre avenir, op. cit.*, p. 25-28.

du contexte culturel. Cela explique la diversité des cultures religieuses qui prétendent toutes répondre à notre besoin de spiritualité. On sait où il faut prier, on apprend les postures et les mots qui nous approchent de Dieu, on voit la beauté des bâtiments, la couleur des vitraux et des tableaux, on sent l'odeur de l'encens, on admire la mise en scène des prêtres, on entend leurs chants et on y participe. Le chœur de la prière et des incantations fait disparaître la souffrance de l'isolement : « Je ne suis plus seul puisque je chante. » Les objets symbolisent l'accès à Celui qui nous protège, les actes de foi créent le sentiment d'appartenance, la familiarité, la fraternité religieuse guérissent de l'angoisse du vide et du non-sens de la mort.

L'énorme bénéfice thérapeutique de la religion provoque régulièrement un effet secondaire dangereux : la communauté se clôture, fragmentant ainsi l'universalité de la spiritualité et donnant à cet élan des formes différentes qui se déclarent la guerre. La représentation abstraite qui était source de proximité affective devient berceau de haine pour ceux qui ne partagent pas les mêmes allégories. Les amoureux d'une religion haïssent les mécréants, comme les passionnés politiques détestent les dissidents. Il n'est pas rare qu'un scientifique méprise les partisans d'une autre doctrine. La fragmentation est adaptative : quand il est difficile d'appartenir à une communauté mondiale, il est facile d'entrer dans l'église de son village ou dans une chapelle intellectuelle.

La spiritualité néolithique négociait avec plusieurs dieux. C'est pratique de faire des offrandes et des sacrifices au dieu spécialisé dans la pluie ou dans la guerre et à la déesse de la fertilité. Mais le monothéisme a refusé le dialogue : « Vous démolirez leurs autels, vous mettrez leurs stèles en pièces, vous couperez leurs pieux sacrés. Tu ne te prosterneras pas devant un autre dieu, car Yahvé a pour nom jalousie », peut-on lire dans le commandement de l'Exode[15]. Les dieux des autres sont de faux dieux et leurs croyants des mécréants.

Par bonheur, les religions évoluent, même quand elles se disent fondamentales, respectant à la lettre le texte des origines. Quand saint François d'Assise a fait évoluer le christianisme vers la pauvreté, il a bouleversé l'Europe du XIIIe siècle[16]. Georges Duby, l'historien, a pointé la naissance de l'individualisme en Occident dès que le christianisme a reconnu la valeur de la personne, homme ou femme[17]. Cela n'a pas empêché cette belle évolution religieuse de créer l'Inquisition et de participer au colonialisme, alors qu'aujourd'hui elle encourage plutôt la démocratie et la décentralisation de la foi vers l'Afrique et l'Amérique du Sud. Toutes les religions évoluent, même quand elles affirment le contraire. Ce qui importe, c'est l'interprétation des formules poétiques, amphigouriques (embrouillées), métaphoriques (c'est un lion), et métonymiques (une voile à l'horizon) qui offrent la possibilité de mille traductions. La manière d'utiliser les textes passés dépend du contexte actuel. C'est à la lumière du présent qu'on éclaire le passé, ce qui laisse libre cours à la manipulation idéologique des textes sacrés.

---

15. Moïse, « Les Dix Commandements », L'Exode.
16. Dalarun J., *François d'Assise en questions*, CNRS Éditions, Paris, 2016.
17. Ariès P., Duby G. (dir.), *Histoire de la vie privée*, tome II : *De l'Europe féodale à la Renaissance*, op. cit.

La religion satisfait une pyramide de besoins[18] : d'abord cognitifs, puis émotionnels, puis relationnels, puis moraux. Cette pyramide a un effet socialisateur qui permet de vivre avec les autres, à tous les stades du développement. La spiritualité, elle, est une élation intime, intemporelle qu'éprouve tout homme, même quand il prétend vivre sans dieu.

Depuis le néolithique, on sait comment agir sur les divinités. Il faut les prier, leur faire des offrandes d'aliments, de bijoux et leur prouver que nous les considérons comme les plus grands de tous les dieux en sacrifiant quelques hommes à la guerre, quelques enfants sur les autels et une part de notre sexualité. Grâce à cette stratégie nous savons les inviter à faire tomber la pluie, obtenir de belles récoltes, nous protéger des forces du mal et améliorer la fécondité des femmes de façon qu'elles mettent au monde des agriculteurs, des soldats et des âmes pour adorer Dieu. La déesse de la fécondité, maîtresse de la vie, fut une des premières divinités paléorupestres[19]. Dessinées sur les parois des grottes, à côté des animaux que l'on admirait, que l'on craignait, que l'on tuait, que l'on mangeait, les femmes sont à la fois bénéficiaires et victimes de cette ambivalence. On est émerveillé parce qu'elles sont belles, désirables et qu'elles portent dans leur ventre des chapelets de petits enfants. On les craint parce que, tout en étant proches de l'animalité, elles possèdent ce pouvoir sorcier

---

18. Saroglou V. (dir.), *Psychologie de la religion*, op. cit., p. 314.
19. Ferroul Y., « *Grand-père, est-ce que tu crois en Dieu ?* » *Dialogue avec ma petite-fille sur les religions*, Bruxelles, La Pensée et les Hommes, 2016, p. 23.

de mettre au monde des hommes vivants. Un tel sentiment archaïque explique pourquoi, à cause de leur animalité, elles sont à la fois admirées et effrayantes. Elles sont divinisées quand elles mettent au monde des âmes surnaturelles.

Les femmes, elles aussi, admirent et craignent les hommes. Quand la technologie, il y a douze mille ans, a commencé à balbutier, elles subissaient la brutalité du contexte et mouraient très jeunes, en couches le plus souvent. Elles répondaient mal à la violence des prédateurs qui nous mangeaient, elles étaient tuées et violées par les groupes humains étrangers qui venaient voler nos biens. Elles comptaient sur la violence de leurs hommes pour les protéger et acceptaient leur domination de chevaliers servants.

L'exigence de religiosité dépend fortement de la structure du milieu. Un contexte stable et peu traumatisant, en diminuant le besoin de religion, dilue les liens sociaux[20]. Les athéistes dans ce cas ressentent moins le besoin d'attachement à une force extrême, au-dessus de la condition humaine. Leur sentiment d'appartenance est satisfait par des rencontres culturelles distractives, par l'art, le sport, les réseaux sociaux et amicaux où ils peuvent partager des idées similaires[21]. C'est suffisant pour créer un sentiment de familiarité sécurisante.

---

20. Fincher C. L., Thornhill R., « Parasite-stress promotes in group assortative sociality : The cases of strong family ties and heightened religiosity », *Behavioral and Brain Sciences*, 2012, 35 (2), p. 61-79.
21. Sproull L., Faraj S., « Atheism, sex and database : The Net as a social technology », *in* B. Kahin, J. Keller (dir.), *Public Access to the Internet*, Cambridge, MIT Press, 1995, p. 62-81.

Quand la culture est structurée par la religiosité, toute personne au cours de son cycle de vie trouve à sa disposition des outils spirituels et rituels pour satisfaire ce besoin. Mais dans une culture sans dieu, c'est le sujet lui-même qui doit chercher sa base de sécurité (instituteur, écrivain, sportif, entrepreneur ou scientifique) pour construire son estime de soi et tisser son lien d'attachement. C'est la personne qui doit trouver le milieu auquel elle souhaite appartenir en rencontrant des amis pour voyager, dîner, aller au théâtre et partager un monde de pensées littéraires, philosophiques ou politiques[22].

---

22. Diener E., Tay L., Myers D. G., « The religion paradox : If religion makes people happy, why are so many dropping out ? », *Journal of Personality and Social Psychology*, 2011, 101 (6), p. 1278-1290.

CHAPITRE 22

VIVRE ET AIMER
DANS UN MONDE SANS DIEU

Aujourd'hui sur la planète, deux stratégies d'existence se différencient. L'athéisme minoritaire (500 millions) se développe rapidement, mais la religiosité majoritaire (7 milliards) ne cesse de se renforcer. Les groupes religieux se reforment et se renferment. Le nombre de personnes vivant sans dieu varie selon le contexte technique et culturel. La Chine est médaille d'or de cette forme de croyance avec 77 % de philosophes religieux, contre 14 % de Chinois convaincus de l'existence d'un dieu. En Irlande, 54 % des habitants n'obéissent à aucune instance divine, tandis que 46 % se conforment à ses commandements[1]. Le développement de l'incroyance gagne des pays auparavant très pratiquants comme l'Italie, l'Espagne et même les États-Unis qui acceptaient toutes les croyances, mais jugeaient sévèrement ceux qui n'en avaient aucune. En France,

---
1. Sondage dans *Philosophie Magazine*, septembre 2013, 72, p. 15.

64 % des personnes n'ont plus le souci de Dieu, tandis que d'autres le vénèrent. Le catholicisme, en chute libre, redevient pourtant de plus en plus visible[2]. Les Juifs portent la kippa dans les espaces publics alors qu'il y a quelques années ils conseillaient d'être religieux à la maison, mais pas dans la rue où l'on doit se comporter comme tout le monde. Les Musulmans croyants exposent des vêtements comme des actes de foi, ils inventent même d'étonnants maillots de bain que les pays arabes interdisent parce qu'ils les considèrent comme contraires à l'islam.

Quelques lois générales apparaissent :
- Les hommes vivent plus facilement sans dieu que les femmes.
- Les sans-dieu votent plus souvent à gauche.
- Ils sont plus diplômés et plus cultivés que les croyants.
- Ils sont au centre des villes et les croyants plutôt en périphérie.

Les épidémies de décroyance frappent inégalement les pays : 26 % des Italiens se détachent de Dieu, contre 31 % des Espagnols, 56 % des Allemands, 63 % des Anglais, 73 % des Français, 84 % des Tchèques[3]. Comme pour toutes les contagions émotionnelles, les chiffres varient beaucoup, selon le contexte culturel, les événements sociaux et la manière de poser la question. Mais si l'on vit en Italie, on aura plus de chances de se laisser influencer par Dieu que si l'on vit en Tchéquie où il n'habite presque plus l'âme des citadins.

---

2. Sondage *Le Pèlerin*/Ifop, février-mars 2015.
3. Johnson D., *God Is Watching You*, *op. cit.*, p. 218.

La contagion des croyances évolue comme toutes les épidémies qui s'éteignent ou resurgissent selon les événements. L'Europe est peu croyante ; aux États-Unis, on note un léger fléchissement, une expansion en Afrique, une ferveur en Amérique du Sud et une flambée au Proche-Orient.

En Chine, la chute de la religion profane communiste, baptisée « communisme libéral », a provoqué le réveil des religions philosophiques comme le bouddhisme et le taoïsme, en même temps que celui des religions sacrées comme le christianisme et l'islam. Son effondrement en Europe a eu des effets variables : retour flamboyant de l'orthodoxie en Russie, bouffée d'intégrisme catholique en Pologne, mais curieusement aucun réveil religieux n'a été noté en Allemagne de l'Est.

L'évolution des croyances a modifié les institutions. Les écoles religieuses s'ouvrent en abondance et les dieux redeviennent punisseurs. La peine de mort au Proche-Orient, les châtiments corporels en Iran, en Arabie saoudite et à Singapour où les coups de fouet, parfois mortels, sont présentés comme une punition morale puisque frapper un homme est jugé moins cruel que le priver de liberté. La chute de l'ordre communiste en Allemagne de l'Est a été suivie par une poussée de délinquance, mais pas en Chine ni au Vietnam où la police est faite par les hommes du clan familial. En France ce n'est plus Dieu qui surveille, ce sont les caméras qui enregistrent les passages à l'acte sans vraiment les empêcher. Le besoin de croire est tellement impérieux que la religion finit par resurgir, surtout quand elle a été persécutée.

L'extension discrète de l'athéisme sur la planète contraste avec l'affirmation voyante de toutes les religions. Pourquoi les sans-dieu ne se rendent-ils pas visibles, alors que les croyants consacrent beaucoup de temps à réaliser de magnifiques mises en scène ? Dans d'immenses œuvres d'art que l'on appelle « mosquées », « cathédrales » ou « temples », les fidèles sculptent des statues, peignent des tableaux, disposent des chandeliers, des tapis, des moulures, des tentures, des vitraux, de la vaisselle d'argent, des orgues, des instruments de musique, des cloches, des appels à la prière, des parfums, des postures ou encore des mouvements de foule qui créent de splendides événements de transcendance esthétique. Après de telles représentations, les croyants ont vécu ensemble de fortes expériences, au-dessus de la réalité quotidienne. Ils ont éprouvé des émotions sublimes, ils ont côtoyé Dieu, ils sont apaisés, émerveillés, comme après un acte d'amour. Quand ils redescendent sur terre, ils voient que les sans-dieu ont continué leur insipide train-train. Comment voulez-vous qu'ils ne soient pas condescendants envers ces pauvres humains qui végètent dans l'immanence, alors que les croyants viennent de connaître un événement extraordinaire ? Ils méprisent les non-croyants plus que ceux qui adorent de faux dieux. Ces croyants-là, pensent-ils, sont dans l'erreur, mais au moins, avec eux, on peut comparer les dieux. On sait de quoi on parle, chacun pense que les dieux et les églises élèvent l'âme et aident à vivre dans un monde meilleur.

Avec les non-croyants on ne peut même pas parler, ils rampent sur terre tandis que nous montons vers les cieux. Ne parvenant pas à argumenter, chacun ne peut qu'imaginer le monde mental de l'autre. « Ils gobent des contes de fées », pensent les athées. « Les libres-penseurs sont des individus sans morale et sans rêves puisqu'ils refusent d'appartenir au groupe des croyants solidaires et moraux », affirment les religieux convaincus que seule la foi fonde la morale, l'altruisme et la charité.

Cette représentation de soi n'est pas confirmée par les évaluations psychologiques. Les enfants de parents athées sont plus moraux et altruistes que ceux de parents religieux[4], qui, en héritant de la religion de leurs parents, deviennent punitifs envers ceux qui ont une autre pratique de la religion, alors qu'ils sont solidaires et moraux avec ceux qui partagent les mêmes rites et croyances. Les non-religieux n'ont pas de limites à leur empathie, alors que les religieux éprouvent un élan vers leurs frères en religion et un mépris craintif pour ceux qui vivent sans dieu.

Cette distinction est schématique. Les athées s'inventent parfois un dieu à usage personnel quand ils en ont besoin : « Mon Dieu, faites que mon enfant guérisse », prient-ils dans leur for intérieur quand ils sont dans une attente anxieuse. En appelant à l'aide un dieu sans liturgie, ils manifestent un comportement superstitieux qui les aide à contrôler une angoisse insupportable. De même les enfants pensent : « Si j'arrive à l'école en évitant de poser les pieds sur les interstices qui séparent les pavés, j'aurai une bonne note en mathématiques. »

---

4. Decety J., Cowell J. M., Lee K., Mahasneh R., Malcolm-Smith S., Selcuk B., Zhou X., « The negative association between religiousness and children's altruism across the world », *Current Biology*, 2015, 25 (22), p. 2951-2955.

Ces raisonnements sont dépourvus de contenu moral, d'estime de soi, de solidarisation et de transcendance. On ne peut donc pas parler de religion. Pourtant ce rituel que l'on sait illogique apaise l'angoisse en donnant l'impression de contrôler le réel. Rien à voir avec une croyance religieuse, rien à voir avec une protection surnaturelle, il suffit de mettre en scène un scénario de providence, de croiser les doigts, toucher du bois pour se sentir protégé. Un croyant autant qu'un non-croyant peut éviter de passer sous une échelle afin de ne pas porter malheur, manifestant ainsi un comportement superstitieux et non pas religieux.

Ces croyances illogiques n'agissent pas sur le réel, mais influencent la représentation du réel. Il suffit d'établir une causalité claire : « En ne passant pas sous une échelle, j'évite le malheur… J'ai fait ce qu'il faut, je contrôle le réel. » Cette illusion explicative est efficace, parce que nous sommes doués pour nous soumettre aux représentations que nous inventons. Il suffit d'observer le comportement de sportifs avant la brève épreuve où va se jouer le match. Un grand nombre d'entre eux embrassent une médaille, remettent des chaussettes qu'ils portaient lorsqu'ils ont gagné le tournoi précédent, ou répètent une séquence comportementale étrange. Ils avouent en souriant que ces petits scénarios sont magiques, mais ils les effectuent quand même parce qu'ils savent, par expérience, que ces séquences comportementales absurdes les apaisent.

Dans les milieux de sciences dures où la méthode expérimentale apprend à réduire un phénomène pour en trouver la cause, les croyances religieuses et les superstitions ne sont pas rares. Alors que dans les sciences humaines, en psychiatrie et en psychologie particulièrement[5], les praticiens voudraient bien trouver la cause unique de la souffrance psychique : ça simplifierait le traitement. Mais le clinicien comprend rapidement que c'est une convergence de causes qui provoque la souffrance, ce qui ne simplifie pas le problème. C'est pourquoi certains psychologues éclairent leur pensée en expliquant le phénomène par une seule cause : « Il est devenu obsessionnel à l'âge de 30 ans parce que, quand il avait 18 mois, sa mère le mettait violemment sur le pot. »

À l'inverse, les sans-dieu les plus convaincus peuvent éprouver des fulgurances métaphysiques. Quand Jean Kéhayan a appris qu'on venait de lui attribuer la Légion d'honneur, il a été surpris par sa réaction psychologique : « Si mes parents me voyaient… ! » Nous, êtres humains, sommes tellement doués pour la théorie de l'esprit que nous pouvons, dans un éclair, attribuer un monde mental à des personnes qui n'existent plus. Jean Kéhayan, enfant d'Arméniens survivants du génocide qui avaient accepté de souffrir sans un mot afin que leurs enfants deviennent français, leur a attribué une fierté qu'ils auraient ressentie en voyant que leur enfant était reconnu par la France. Ce n'était pas une réaction religieuse, ni superstitieuse, c'était la réaction affectueuse d'un enfant de 65 ans qui attribuait un sentiment de fierté à ses parents disparus. Ils n'étaient morts que dans le réel, ils vivaient encore dans sa mémoire : « Ils seraient heureux de voir que leurs souffrances valaient la

---

5. Johnson D., *God Is Watching You*, op. cit., p. 101.

peine. Je suis intégré, accepté, moi enfant d'immigrants, je suis reconnu par la France. »

Il est difficile d'échapper aux récits du contexte. Comment penser que Dieu n'existe pas dans un contexte où tout le monde en parle, où de nombreux objets le représentent, où les rendez-vous avec Lui sont organisés lors de rencontres rituelles, belles et exaltantes ? Quand les événements marquants d'une existence, comme un mariage, une naissance ou une mort, sont attribués à une puissance réconfortante ou punissante, comment voulez-vous que le croyant n'en ait pas une représentation métaphysique ? Ce qui revient à dire que lorsque les récits s'enflamment, la foi est réchauffée par la fièvre religieuse. À l'inverse, quand la culture s'apaise, on ressent moins l'urgence de Dieu.

Les Sud-Américains et les Africains, aujourd'hui, vivent chaque jour avec Dieu dans de belles églises où l'on chante d'émouvantes prières et dans les rues où l'on organise de spectaculaires processions. Les Européens vivent dans un monde morose et routinier où la représentation s'estompe et éloigne de Lui.

Quand l'amour du Même s'associe au mépris de l'Autre, ce sentiment mêlé provoque un dédain envers ceux qui ne pensent pas comme il convient : « Si Dieu n'existe pas, tout est permis. » Dans cette phrase, Dostoïevski[6] affirme que seuls les croyants sont moraux. Jean-Paul Sartre s'est servi de cette idée pour expliquer

---

6. Dostoïevski F., *Les Frères Karamazov*, 1879-1880. « Que faire si Dieu n'existe pas ? [...] Dans ce cas, l'homme serait le roi de la terre et de l'univers [...]. Comment sera-t-il vertueux sans Dieu ? [...] [Si la vertu] est une chose relative [...] alors tout est permis », Ivan Karamazov.

qu'un croyant est moral à cause du carcan des énoncés divins, alors qu'un homme sans dieu est d'une totale indétermination, un « forçat de la liberté ». Dans un raisonnement laïque, on évoquerait plutôt les pressions culturelles qui expliquent pourquoi 99 % des Égyptiens aujourd'hui pensent qu'un homme sans dieu est immoral, alors que seulement 17 % des Français pensent ainsi. En Europe, on estime que la morale se fonde sur l'empathie. Quand on se met à la place de l'Autre, on ne peut plus tout se permettre, on n'a pas besoin d'interdits divins pour s'empêcher de passer à l'acte. Une théorie de l'esprit qui attribue des intentions, des désirs et des croyances à des entités invisibles nous fait ressentir comme une évidence la malveillance ou la bienveillance d'un fantôme, d'un ange, d'un maître, ou d'un voisin.

Parmi les 7 milliards et demi d'êtres humains sur la planète, plus de 4 milliards croient qu'une force surnaturelle appelée « Dieu » nous aime et nous protège :
• 3,5 milliards sont monothéistes, Chrétiens et Musulmans (je ne compte pas les Juifs qui ne sont que 14,5 millions).
• 1,5 milliard concerne les philosophies religieuses asiatiques.
• 2,5 milliards sont mal analysés dans ce livre parce que je n'ai pas su découvrir les religions inconnues ou éphémères qui naissent et meurent chaque jour[7].

Au XXIe siècle, une religion en voie de développement pourrait se nommer « athéisme ». Dans cette

---

7. Zuckerman P., « Atheism : Contemporary numbers and patterns », art. cit., p. 47-65.

spiritualité humaniste, les hommes sans dieu ne se permettent pas tout. Les enquêtes populationnelles aboutissent à la conclusion que l'on trouve autant de délinquance et d'immoralité chez les croyants que chez les incroyants. La différence vient de ce que les croyants pensent que l'interdit est une force extérieure, une loi divine intransgressable qui les empêche de tuer ou de voler : « Il ne faut pas », disent-ils. Alors que les non-croyants ressentent plutôt une inhibition intime, un frein qui les empêche de passer à l'acte, ils disent : « Je ne peux pas. » Les sociétés sans dieu sont aussi morales que celles qui croient qu'elles sont gouvernées par une instance divine. Quand les déistes ou les athéistes passent à l'acte, tuent et volent sans honte ni culpabilité, ils trouvent toujours une bonne raison, une légitime défense ou une vertueuse indignation. L'Inquisition a été déclenchée en 1066 pour récupérer le Tombeau du Christ volé par les Arabes. La persécution des Juifs d'Europe a été légitimée pour se protéger de cette engeance qui voulait dominer la belle race aryenne et s'approprier ses biens.

Ces enquêtes n'empêchent pas les croyants d'affirmer que les sans-dieu sont immoraux. Être sans dieu est une posture immorale, estiment 99 % des Égyptiens, 84 % des Turcs, 82 % des Nigériens, 66 % des Hindous, 57 % des Américains, 30 % des Canadiens, 22 % des Anglais, 17 % des Français et 10 % des Suédois[8].

Les croyants sont malheureux quand un de leurs enfants épouse un non-croyant ou un conjoint d'une

---
8. Johnson D., *God Is Watching You*, op. cit., p. 214-213.

autre religion. Ils ont l'impression de perdre ce jeune qui n'ira plus à la mosquée ou à l'église du village. Épouser quelqu'un qui ne partage pas les mêmes représentations et les mêmes rituels est vécu comme un abandon et une traîtrise. C'est un grand chagrin pour les parents ou une colère qui place les jeunes devant un choix douloureux : « Si j'épouse cet homme (cette femme) que j'aime, je vais faire du mal à mes parents que j'aime aussi. Mais si je ne l'épouse pas, c'est à moi que je vais faire du mal et à celle (celui) que j'aime aussi. En me soumettant à la loi des parents et à leurs croyances, je détruis une partie de mon existence. Si je reste avec eux je serai triste, car j'aurai accepté de perdre un amour pour ne pas leur faire de mal. »

Le mariage arrangé est tellement plus facile ! Les parents, le prêtre, une marieuse proposent un petit choix d'aspirants possibles. L'un d'eux sera accepté. Une telle stratégie religieuse, sociale, affective et sexuelle renforce le lien qui sécurise. Le groupe fonctionne mieux, l'attachement viendra plus tard quand les partenaires auront tissé le lien de la vie quotidienne et des prescriptions spirituelles et morales de leurs parents. Le mariage arrangé est souvent bénéfique, tout le monde est fier, les jeunes construisent une nouvelle famille qui s'inscrit dans la lignée, les parents sont heureux d'aider leurs enfants, les mariés poursuivent leurs traditions et leurs croyances. Stabilité, sécurité, affection, solidarité, estime de soi et moralité : c'est une bonne affaire de renoncer à l'amour qui déchire et de le remplacer par un attachement et une sexualité qui socialisent et moralisent.

CHAPITRE 23

AMOUR RÉVOLUTIONNAIRE
ET ATTACHEMENT CONSERVATEUR

L'amour est révolutionnaire et l'attachement conservateur. Roméo et Juliette, Héloïse et Abélard en ont fait la cruelle expérience puisqu'en provoquant la guerre entre les clans familiaux et religieux, ils sont morts d'aimer ou ont été sacrifiés pour avoir refusé de se soumettre aux contraintes sociales. Roméo et Juliette s'aiment malgré la haine des Montaigu et des Capulet. La jeune Héloïse et l'adulte Abélard connaissent un amour charnel magnifique malgré les interdits religieux. Leur liberté fait figure de transgression, de déchirure sociale, alors qu'un mariage arrangé aurait renforcé la solidarité du groupe et tissé un lien d'attachement durable.

Tout se passe comme s'il y avait une balance entre deux opposés : l'amour qui donne la force de quitter son groupe d'origine s'oppose à l'attachement qui renforce le lien. Par bonheur, un couple amoureux évolue souvent vers l'attachement, qui est une manière d'aimer plus sécurisante, et un couple arrangé affronte les épreuves qui renforcent le lien en s'appuyant sur Dieu : « Avant je doutais de moi. Je me suis mis à croire en Vous, ce qui m'a donné confiance en moi. Maintenant que je crois en moi, je doute de Vous », dit un petit homme agenouillé dans une glorieuse cathédrale[1]. Le dessinateur Sempé confirme, avec humour, la théorie du couple d'opposés. Quand Dieu donne confiance en soi, on a moins besoin de Lui. L'amour durable devient épuisant quand il n'évolue pas vers l'attachement apaisant, quand il ne passe pas de la fièvre amoureuse au bien-être tranquille de l'affection. Quant à l'attachement sécurisant, il évolue vers l'anesthésie affective jusqu'au moment où une alerte, un risque de perte réveille soudain l'attachement engourdi : « Je ne me rendais pas compte à quel point j'avais besoin d'elle. »

La jolie petite ville de La Seyne, près de Toulon, a beaucoup souffert pendant la Seconde Guerre mondiale. L'importance des chantiers navals et des réserves de fuel avait rendu cruelle l'occupation allemande. En mai 1944, les bombardements alliés affolent la population, qui se réfugie dans le tunnel de l'émissaire qui rejette les eaux usées de Toulon et de La Seyne. Le gaz carbonique commence à asphyxier certaines personnes, qui se battent pour sortir alors que d'autres se battent pour s'y réfugier. Estelle avait 8 ans quand elle est rentrée dans le tunnel avec son père. Elle détestait cet homme rude et travailleur avec qui elle avait peu d'échanges. Quand l'enfant a compris que son père

---
1. Sempé, *Quelques mystiques*, Paris, Denoël, 1998.

asphyxié allait mourir, elle l'a regardé pour la première fois et lui a serré la main intensément. Le déblaiement est arrivé à temps pour eux. Son père n'est pas mort et Estelle fut surprise d'éprouver un élan affectueux qui a duré tout le reste de sa vie.

Quand les conditions extérieures créent un risque de perte imminente, l'attachement est activé par le bonheur des retrouvailles. L'enfant a senti « je vais perdre mon père » et, quand l'air est revenu, elle a été profondément heureuse de serrer la main de cet homme, devenu important pour elle. Ce phénomène d'activation de l'attachement est habituel au cours des enterrements quand on accompagne un être cher en pensant « j'aurais dû le voir plus souvent ». On a besoin d'idéaliser le mort, de regarder sa photo, de prendre soin des objets qui le représentent encore. On ne supporte pas d'en dire du mal, alors qu'il nous crispait quand il était vivant.

Plus banalement, il suffit de constater le bonheur qu'on éprouve en retrouvant les clés de sa voiture qu'on cherchait depuis une demi-heure. Quel plaisir donne ce rebond d'attachement ! Si on n'avait pas eu le désagrément de les perdre et de les chercher, nous n'aurions jamais pris conscience de leur importance. La perte momentanée a activé le plaisir de la retrouvaille.

La nature humaine est ainsi faite que nous ne pouvons pas ne pas faire du social. Un nouveau-né isolé n'a aucune chance de survie. Un enfant seul ne peut pas s'imprégner de la langue maternelle, des valeurs et des croyances qui l'entourent. Il apprend à devenir ce que sont les autres grâce à ses figures d'attachement. Vers la troisième année, il se socialise par l'affection et la parole, c'est une alliance de clan puisqu'il ne parle pas avec ceux dont il se méfie. Vers l'âge de 6-8 ans, il accède à la théorie de l'esprit. Son bon développement neurologique et psychologique le rend capable d'attribuer une intention à une force invisible. Il se socialise en se dévouant à une puissance surnaturelle qui lui donne accès à la spiritualité, au dépassement de soi, il s'allie à ses frères en transcendance pour s'approcher de Dieu.

On peut aussi faire du social grâce à une stratégie moins spirituelle. On peut attribuer une force surhumaine à l'idée qu'on se fait d'un autre homme qui sait tout, comprend tout et prend les décisions qui protègent le groupe. On n'a pas besoin d'un Dieu surnaturel pour ça, un homme au-dessus des hommes suffit pour nous transcender : Louis XIV, Napoléon, Hitler, Marx, Staline, Mao, Castro et bien d'autres ont provoqué des extases populaires, des mouvements d'amour pour ceux qui partagent la foi en ces hommes que l'on disait infaillibles.

On peut faire du social entre hommes sans adorer des surhommes. C'est nous qui signons un contrat social en sachant parfaitement que nous ne sommes que des humains faillibles et qu'il faudra sans cesse renouveler le contrat pour le faire évoluer. Cette sociabilité est instable, conflictuelle et coûteuse, mais elle est aussi évolutive et créative. La stratégie démocratique enchante ceux qui aiment les débats, les remises en question et les solutions inattendues. Ces « discussions », souvent polluées par la haine, angoissent ceux qui ont besoin de certitudes et qui sont apaisés dès qu'ils sont gouvernés par des images surhumaines à qui ils délèguent le pouvoir de décider.

Est-ce la raison qui explique les stratégies contraires que l'on constate aujourd'hui ? L'athéisme démocratique de ceux qui aiment l'évolution s'oppose au retour à Dieu de ceux qui s'extasient sur les vérités éternelles ? L'expression de mille personnalités différentes, rendue possible par les démocraties, crée un sentiment de chaos dans le monde mental de ceux qui sont sécurisés par un cadre sacré intransgressable.

Le retour du religieux spectaculaire se met en place en même temps que le développement de l'athéisme discret. Depuis la Seconde Guerre mondiale, l'islam a connu un développement extraordinaire : 350 millions de Musulmans en 1945[2], 1,5 milliard en 2010. Le catholicisme change de continent, il s'éteint en Europe, mais flambe en Afrique et en Amérique du Sud pour transcender une population en aussi grand nombre que celle des Musulmans. Les Protestants, moins nombreux, austères et travailleurs, prennent le pouvoir en Amérique du Nord.

Les Juifs, très peu nombreux (moins de 15 millions), sont étonnamment présents dans les récits sociaux et religieux. Les Chrétiens et les Musulmans s'y réfèrent de plus en plus. Dans les récits politiques les phrases médiatiques mettent en lumière le moindre problème où un Juif est concerné, alors qu'ils laissent dans l'ombre des catastrophes mille fois plus graves,

---

2. Préfecture de Paris, 6 décembre 1976, enquête effectuée à l'occasion de la remise du grade de grand officier de la Légion d'honneur à Chérif Mécheri.

mais dépourvues de Juifs. Dans les récits culturels, on s'enthousiasme ou on critique la surreprésentation des Juifs.

Il est probable que cette tendance va s'accentuer. L'hindouisme, le christianisme et l'islam, qui faisaient 50 % de la population mondiale en 1900, font 64 % en l'an 2000, et feront probablement 80 % en 2030[3]. Les femmes musulmanes mettaient au monde sept enfants au cours de leur existence, les Juives pieuses six enfants, les Chrétiennes trois à quatre et les femmes sans dieu un à deux. Le nombre d'enfants par femme est en train de diminuer dans toutes les religions, car, en découvrant le bonheur de devenir des personnes, les femmes se sacrifient moins.

La vision religieuse du monde va se développer. Va-t-elle s'imposer ? On constate le retour du mariage arrangé chez les Hindous, les Musulmans et les Juifs. L'expression « mariage arrangé » n'est pas très pertinente puisqu'en fait tous les mariages sont arrangés, mais les déterminants ne sont pas les mêmes. Les mariages arrangés sacrés se réfèrent aux lois d'un même dieu, ce qui renforce la solidarité et la filiation des croyants. Alors que les mariages arrangés laïques sont déterminés par une éducation de même niveau, par un partage de projet d'existence et par le portefeuille des parents.

Le clivage des sociétés ne se fait plus entre les aristocrates à sang bleu et le peuple survivant à grand-peine, ni entre les propriétaires de terres, d'usines ou de magasins et les prolétaires qui louaient leurs bras

---
3. Kepel G., *Terreur dans l'Hexagone*, Paris, Gallimard, 2015.

pour ne pas mourir. Le cloisonnement se fait entre les éduqués non croyants et les éduqués par la religion.

Le problème se pose alors d'instruire tous les enfants, croyants et non-croyants, au fait religieux[4]. Il ne s'agit pas de leur apprendre à prier, les familles et les prêtres font ça très bien, il s'agit de chercher à comprendre l'effet de la prière chez les croyants, et comment les non-croyants parviennent à vivre moralement dans un monde sans prière. Le cloisonnement est dangereux parce que les non-croyants pensent que toute religion mène au fanatisme, alors que les croyants utilisent les humiliations et les brimades pour légitimer leur propre agressivité. Quand on demande aux Américains : « Voteriez-vous pour un président catholique ? », on obtient 95 % de « oui ». Les résultats sont proches pour un Africain (94 %), un Juif (92 %) ou une femme (88 %). Ils sont moins favorables à un président vieux (57 %) ou homosexuel (55 %). En revanche, ils n'éliraient pas un président athée (45 %)[5].

---

[4]. Debray R., *L'Avenir de l'enseignement du fait religieux dans l'école laïque*, Paris, Institut Diderot, 2015.
[5]. Norenzayan A., *Big Gods : How Religion Transformed Cooperation and Conflict*, Princeton (NJ), Princeton University Press, 2013, p. 66-67, citant un sondage Gallup, 2007.

CHAPITRE 24

MONDIALISATION
ET RECHERCHE DE DIEU

La mondialisation des techniques, du commerce, de la circulation des biens et des jeunes éduqués provoque la balkanisation des nationalités et des mentalités. Il est impossible d'appartenir au monde total, il est trop divers, notre identité s'y perdrait. Alors on recherche nos racines, nos ancêtres, leurs rituels oubliés et nos filiations imaginaires. On recrée des communautés où l'on rencontre des proches, où l'on partage des croyances, où l'on s'élève au-dessus de l'immanence, où l'on est soutenu en cas de malheur et où les récits du groupe donnent sens au miracle d'être.

En 1945, il y avait sur la planète 72 États dont les frontières ont été approximativement tracées. Aujourd'hui, il y en a 197, sans compter les prétendants. On est chez soi, on parle la même langue, on partage le même territoire, on tisse les mêmes liens, on prie le même dieu. Notre identité est simplifiée, donc claire, notre incertitude est remplacée par des récitations qui donnent l'illusion de penser. Nous avons la conviction d'être dans le vrai, puisque nous disons les mêmes mots, tous ensemble, en même temps, dans un même lieu. L'avenir appartient au passé, les tribus reviennent en force, comme on le voit dans les pays, de plus en plus nombreux, qui désirent se clôturer pour rester entre soi, bien au chaud à s'entraider et à s'estimer mutuellement. Dans ces nations on pense que ceux qui veulent ouvrir les barrières sont des agresseurs et que ceux qui ne récitent pas les mêmes incantations sont des blasphémateurs : « Ces déviants nous mettent en danger, nous sommes en légitime défense quand nous les tuons pour un dessin qui nous déplaît, quand nous les exterminons parce qu'ils doutent de nos prières ou critiquent un point du dogme. »

La soumission au passé, la rigidification défensive expliquent pourquoi il est difficile d'organiser un colloque sur la psychologie de la religion ou de faire un cours dans un lycée. Les incroyants n'osent pas réfléchir à Dieu qui ne les intéresse pas, alors que les déistes partent en guerre pour un mot de travers.

Les largués de la culture ne sont pas des sans-dieu. Ils le cherchent mais ne savent pas où il se cache puisqu'il n'est ni dans la famille ni dans le quartier. Ces jeunes errent comme des âmes en peine, en attendant qu'une autorité veuille bien leur donner un cadre et un projet.

Quand j'étais praticien, j'étais étonné par les petits délinquants qui désiraient s'engager dans l'armée, dans les bataillons autoritaires de préférence. Leur délinquance s'arrêtait dès qu'ils obéissaient. N'ayant plus de problèmes de choix, ils n'avaient plus d'angoisses. À la Légion étrangère, ils acceptaient tous les ordres, même les plus durs, les plus incohérents, les plus stupides, qu'ils ne critiquaient pas. Dès qu'ils prenaient leur retraite, la catastrophe psychique réapparaissait. Ils se sentaient seuls, responsables et incapables de planifier leur avenir. Ils passaient à l'acte pour satisfaire une pulsion immédiate et se retrouvaient en prison. Là, un phénomène de même nature se reproduisait, mais sa forme était différente puisque le contexte était différent. Ils étaient apaisés, heureux d'obéir à un imam de pacotille, un gourou religieux qui profitait de leur besoin de soumission pour transformer en gogos de l'islam ces jeunes qui se croyaient rebelles alors qu'ils n'étaient que désorientés, soumis à des mouvements pulsionnels. La plupart des imams sont fréquentables, mais un jeune errant, largué de toute culture, même religieuse, ne sait pas faire la différence.

La laïcité ne s'oppose pas à la religion, il s'agit plutôt de deux stratégies d'existence différentes. La laïcité et la religion composent des systèmes de croyance différents puisque tout être humain bien développé ne peut pas s'empêcher d'accéder à la théorie de l'esprit qui attribue des intentions, des désirs et des croyances à d'autres personnes, à d'autres groupes ou à des entités invisibles. Ne pas passer sous une échelle afin de se sentir à l'abri d'un accident, faire une offrande alimentaire à l'esprit de la forêt, gravir une montagne sacrée au son des chants et des tambours afin d'implorer les ancêtres de rester dans le monde des morts et de ne plus hanter les vivants : d'innombrables autres croyances n'ont rien à voir avec la religion puisqu'elles ne sont que de simples manipulations de l'invisible. Le psychisme a horreur du vide, l'angoisse nous saisit quand nous sommes au bord du gouffre, du néant, de la mort, de l'infini. Vite, remplissons ce désert de sens en produisant des entités, des sentences nostradamiques mystérieuses et poétiques, des images, des chants, des mots et des gestes auxquels nous donnons le pouvoir d'agir sur le réel invisible. L'esprit humain est un « grand fabricant de dieux[1] », entre 10 000 et 50 000 selon la définition que nous donnons du mot « dieu ». En Occident, nous croyons que les dieux sont peu nombreux parce que nous vivons sur des continents marqués par le monothéisme, mais dans d'autres temps et dans d'autres lieux, des milliards d'êtres humains vivent en ressentant réellement une présence divine. Ils éprouvent une émotion lumineuse, ils adoptent une posture qui exprime le sentiment attirant et effrayant du sacré. Ils se mettent à genoux, ils prient yeux levés vers le ciel, ils se courbent vers le sol, ils s'aplatissent par terre pour signifier leur absolue soumission. Ils battent leur coulpe souillée par le péché, ils racontent une histoire merveilleuse et incroyable afin de nous convaincre que c'est précisément pour ça qu'on ne peut que la croire. C'est invraisemblable de vivre, alors pourquoi pas Dieu ?

La religion utilise notre capacité à fabriquer un monde réel, composé de gestes, de mots et d'œuvres

---

[1]. Caviglioli D., « Les dieux sont parmi nous », *L'Obs*, 22 décembre 2016, 2720, p. 116.

d'art, afin de gouverner un autre monde invisible. C'est notre soumission qui gouverne l'invisible qui nous gouverne. Nous nous soumettons pour plaire à la puissance divine, l'amadouer, la séduire, afin de l'amener à se plier à nos souhaits. C'est un système de pratiques, une façon de s'alimenter, de s'habiller, de naître et de mourir qui agit sur l'irréel pour nous en protéger.

Le réel concrétise notre imagination en construisant de merveilleuses chapelles, en mettant en scène des gestes, des mots, des objets d'art et des odeurs d'encens qui s'imprègnent dans notre mémoire, orientent notre développement, et parfois même sculptent certaines zones cérébrales. Ainsi façonnés par les objets que nous venons d'inventer, nous ressentons physiquement la croyance pour laquelle nous avons construit notre milieu.

Depuis plus de vingt ans, les neuroscientifiques tentent de découvrir dans le cerveau la région qui s'activerait quand on éprouve la foi[2]. Il ne s'agit évidemment pas de la zone cérébrale de Dieu, mais plutôt de rendre observables les aires cérébrales qui s'activent au cours de la prière ou lors des extases religieuses. Lorsqu'on demande à un non-croyant de se mettre en prière de façon à enregistrer sa réaction cérébrale au cours d'une résonance magnétique fonctionnelle, on constate que son cerveau réagit peu à cette disposition mentale. En revanche, chez un croyant, on voit

---

2. Salthun-Lassalle B., « Existe-t-il une région centrale de la religiosité ? », *Cerveau & Psycho*, novembre 2014-janvier 2015, n° 20 : *Croyances. Tous concernés ?*, p. 18.

« s'allumer » les deux lobes préfrontaux connectés au système limbique. Ce circuit cérébral est celui qui fonctionne habituellement quand un sujet va, intentionnellement, chercher des souvenirs et les associer à des émotions. Il n'est donc pas caractéristique d'un circuit de la religiosité, mais indique que certaines personnes, au cours de leur éducation, ont entraîné leur cerveau à aller chercher dans leur passé des souvenirs déclencheurs de fortes émotions. Quand elles étaient enfants, à l'époque des apprentissages fulgurants où l'on s'imprègne des visages parentaux et des lieux qui nous entourent, où l'on acquiert en dix mois toute langue maternelle, ces personnes se sont développées dans un milieu affectif qui les a entraînées à ce genre de performances : elles ont appris à croire. Et pendant toute leur vie, elles sauront retrouver, aller chercher dans leur mémoire, le sentiment religieux structuré par leur culture. Elles se sont entraînées à croire grâce aux objets, aux lieux, aux postures et aux mots qui réveillent la foi. Les circuits cérébraux ne révèlent ni la zone de Dieu ni la religiosité, mais ils prouvent qu'un milieu affectif structuré par des croyances religieuses s'imprègne biologiquement dans le cerveau et facilite les retrouvailles du sentiment d'extase ou de transcendance acquis au cours de l'enfance.

D'autres moments propices à ces apprentissages fulgurants peuvent survenir au cours de toute existence. La conversion soudaine lors de l'adolescence témoigne d'une manière de devenir autonome en s'opposant aux croyances de la famille. Une Révélation exaltée enchante le nouveau croyant et le sort du désert de sens où il errait précédemment. Les bouleversements émotionnels intenses, comme un trauma ou un émerveillement, peuvent avoir cet effet de lumière soudaine.

CHAPITRE 25

RELIGION, AMOUR ET HAINE
DE LA MUSIQUE

La laïcité fabrique du social grâce aux lois qui structurent le milieu où l'on apprend à vivre. La religion fabrique du social grâce aux rituels sacrés qui organisent la vie collective, elle met en place les scénographies qui représentent Dieu et induisent le partage des sentiments religieux. Ces stratégies de socialisation sont distinctes, elles s'opposent parfois.

Dans la socialisation laïque, l'entente se fait entre êtres humains. Elle est momentanément acceptable, donc négociable. Elle permet mille évolutions différentes selon les divergences d'opinion, les conflits, les alliances et les pressions du contexte technique ou culturel. Dans un milieu structuré par la laïcité, il faut lire mille récits, visiter cent cultures, rencontrer une infinité de personnes aux croyances différentes et tenter de vivre avec elles.

La socialisation religieuse est sacrée, universelle. Vraie une fois pour toutes, elle n'est pas négociable.

Pour se socialiser dans un tel contexte, il vaut mieux apprendre un seul récit, l'étudier à fond et se réunir entre frères pour le partager. Cette stratégie unificatrice restreint le libre arbitre, mais sécurise beaucoup.

Les fêtes, qu'elles soient laïques ou religieuses, constituent des liants sociaux, sortes de synchronisateurs émotionnels. Des réunions sont organisées pour faciliter la contagion par le corps à corps, le mot à mot ou par le spectacle des transes. Que l'on soit religieux ou laïque, la synchronisation se fait par les vêtements qui écrivent la manière d'érotiser, de se socialiser ou d'afficher le nom du dieu auquel on se soumet. Les scénographies des messes orthodoxes ou catholiques montrent de magnifiques opéras. Les Protestants racontent paraverbalement, avec la simplicité de leurs vêtements, la frugalité de leurs repas, leur politesse réservée, leur intention d'austérité et de courage, comment ils moralisent la famille et valorisent la réussite sociale. Les Juifs se rendent à la synagogue, la *schoule* (l'école), pour prier, bavarder et taquiner Dieu. Ils se préparent à la prière en entourant leur bras d'une fine lanière (les *tefilines*) et deux petits boîtiers, ou s'isolent sous un châle pour rencontrer Dieu intimement. Les religions lointaines, mal connues en Occident, mettent au point mille autres scénarios pour approcher leur dieu.

Les constructions sacrées et les objets du culte qui nous élèvent vers Lui donnent l'impression d'un ordre pétrifié. Les temples laïques se bâtissent plutôt sur les places publiques, les rues et les établissements où les non-croyants expriment des personnalités infiniment variées, grâce à mille styles vestimentaires, et des millions de théories cohérentes et divergentes risquent de donner une impression de chaos.

Le désordre évolutif est inévitable puisque les milieux et les individus ne cessent de changer, en attendant la réorganisation adaptée au nouveau contexte. Le chaos donne une impression de fracas mortifère, comme lors d'un trauma naturel (tsunami) ou culturel (guerre) où l'homme en agonie perd tout espoir, sauf quand Dieu existe pour lui. Nous sommes contraints à vivre ensemble pour façonner le milieu qui nous façonne, disposer les tuteurs de développement autour de nos enfants, et inventer les récits qui donnent sens à notre existence.

Le sexe qui donne la vie et fabrique du social est l'activité humaine la plus fortement structurée par le sacré et les interdits. La nourriture qui permet de ne pas mourir tout de suite exige la coopération et le partage du plaisir. Et la musique synchronise les émotions d'un groupe, lors des danses ou des manifestations de masse où se propagent les croyances. Elle constitue une force sociale délicieuse et insidieuse où l'individu, bercé ou exalté, est heureux d'être possédé par un rythme et une harmonie. Sans musique, une foule ne serait qu'un agrégat d'individus. Grâce à elle, ils sont reliés, émus tous ensemble pour pleurer, s'extasier ou marcher comme un seul homme.

La sexualité, la nourriture et la musique composent un ensemble fonctionnel qui structure l'« être-ensemble ». On peut connaître une Révélation, une extase intime sans musique, comme l'émerveillé qui veut partager son bonheur ou l'anxieux qui soudain bascule vers l'euphorie. On peut aussi aimer une musique sans foi, comme les danses populaires, les chansonnettes à fredonner ou les gaillardises de salle de gardes. Mais quand il s'agit de synchroniser les émotions et les mouvements d'un groupe, qu'il soit militaire ou religieux, la musique est un outil étonnamment efficace. Le rythme des tambours est une hypnose qui mène les soldats à une mort sans angoisse. Il suffit de marcher au pas cadencé, de ne pas réfléchir, de se laisser emporter.

Quand on a éprouvé ensemble le plaisir d'un bon repas, d'une relation sexuelle ou d'un concert côte à côte, nous ressentons un agréable sentiment d'intimité. Nous sommes familiers, initiés par le bonheur d'avoir vaincu la mort, donné et reçu le plaisir du sexe, partagé la nourriture et écouté la musique que nous avons aimée ensemble. Les plaisirs ritualisés « finissent par dissoudre les limites qui séparent les individus. Ils les unissent en substituant une identité de groupe à leur identité personnelle[1] ».

La musique, inséparable des rituels religieux, donne un bonheur qui mène à l'extase[2]. Lors des guerres napoléoniennes les officiers ne criaient pas « À l'attaque ! », comme on le voit dans les films mal documentés, ils disaient « Musique ! » et le bataillon s'ébranlait pour marcher à la mort, côte à côte, embarqué par la beauté

---
1. Rimé B., « Emotion elicits the social sharing of emotion : Theory and empirical review », *Emotion Review*, 2009, 1 (1), p. 60-85 ; Rimé B., *Le Partage social des émotions*, Paris, PUF, 2005.
2. Becker J., « Anthropological perspectives on music and emotion », *in* P. Juslin, J. Sloboda (dir.), *Music and Emotion*, Oxford, Oxford University Press, 2001, p. 135-160.

des fifres et des tambours. Lorsque des enfants de 4 ans jouent de la musique ensemble, on constate une solidarisation des petits musiciens, qui coopèrent et se groupent plus facilement[3]. Dans toutes les religions, la musique fonctionne comme un liant du groupe, un synchronisateur des corps et des âmes. Il y a quelques années, les footballeurs immigrés ne pensaient pas à chanter *La Marseillaise* avec leurs coéquipiers nés en France. Ce fut un scandale musico-patriotique et aujourd'hui les entraîneurs veillent à ce que tous les joueurs chantent l'hymne national.

Le plaisir musical est préverbal. Dès l'âge de 6 à 8 mois, nous comprenons que les bébés jouissent de la musique quand on les voit assis, encore trop petits pour marcher, tourner les mains et dodeliner de la tête pour se synchroniser à ce qu'ils entendent. Les soldats qui chantent en marchant au pas et le grand plaisir que donnent les chorales uniformisent les mondes intimes. L'aptitude à la musique est universelle. Quelle que soit la culture, tous les humains l'entendent. On dit que 8 à 10 % de la population ne peut pas en jouir pour des raisons génétiques ou après un accident vasculaire cérébral[4]. Le sexe est métaphysique puisqu'il donne la vie qui mène à la mort. La composante biologique de la nourriture entraîne le partage affectif et la coopération sociale. Et l'aptitude neurologique à la musique

---

3. Kirschner S., Tomasello M., « Joint music making promotes prosocial behavior in 4-year-old children », *Evolution and Human Behavior*, 2010, 31, p. 354-364.
4. Albouy P., Mattout J., Bouet R. *et al.*, « Impaired pitch perception and memory in confenital amusia : The deficit starts in the auditory cortex », *Brain*, 2013, 136 (5), p. 1639-1661.

explique la prosodie des prières et des chants religieux. Quand les soldats marchent côte à côte en chantant face à la mort, la peur s'estompe ou se transforme en extase. Quand ils défilent en « chantant victoire » malgré la mort : « Si tu vois... ma mère... dis-lui que je suis mort au combat... » Quelle émotion, quelle beauté ! L'horreur de la mort vient d'être transcendée en amour maternel. Quand nous chantons ensemble, nous appartenons au même corps.

La croyance n'apparaît pas encore dans ce processus préverbal, mais le sentiment d'appartenance est si fort, la communion est si douce qu'il est difficile de ne pas s'accorder avec nos partenaires de danse ou de chant. Quand les récits arriveront, nous aurons été préparés à les entendre, comme les enfants qui ne croient que ce que racontent leurs figures d'attachement. Le récit d'un étranger provoque le scepticisme, alors que le récit raconté par celui qu'on aime induit un désir de partage, une communion affective. La musique est un merveilleux piège où l'on se laisse prendre avec bonheur ; c'est « une effervescence collective », disait Émile Durkheim, le fondateur de la sociologie ; c'est « la fièvre du samedi soir », précisait John Travolta, le comédien.

La musique est un risque merveilleux. Elle nous leurre parce que nous sommes consentants quand elle nous offre ce que nous espérons. La mélodie stimule dans notre cerveau quelques réseaux de neurones qui captent précisément ce type d'informations[5]. Une telle pénétration déclenche en nous un plaisir orgasmique,

---
5. Lemarquis P., *Sérénade pour un cerveau musicien*, Paris, Odile Jacob, 2009.

un bonheur sans raison que la culture aménage en salles de concert, en rassemblements publics, en chœur d'église, en appels à la prière.

Ulysse avait bien compris ce raisonnement neuro-musical. Quand Circé le met en garde contre le charme fatal du doux chant des sirènes, il se fait attacher au mât de son bateau, après avoir bouché à la cire les oreilles de ses matelots. Si bien que, malgré son désir d'obéir aux chants des sirènes, nul ne peut entendre les ordres qui auraient mené le bateau au naufrage. Quand on se laisse posséder par une séduction mortifère qui transforme l'herbe en fleurs et la haine en chansons[6], on se fait complice de la mort qui nous attend.

Est-ce ainsi que l'on pourrait expliquer les épidémies de croyances ? Le contenu du discours devient secondaire, on ne juge plus quand on se laisse charmer par de douces chansons, par des chants guerriers et par des mises en scène qui s'emparent de notre âme pour notre plus grand bonheur. Quelques résistants parviennent à ne pas se laisser embarquer par la propagation émotionnelle[7]. « Qu'est-ce que tu me chantes ? », disent-ils, comme Ulysse. Mais il est difficile de faire entendre sa voix quand le chœur du grand nombre unit la foule en extase[8]. Il y a un tel bonheur à vibrer à l'unisson que nous recherchons activement les occasions de nous rassembler, de nous synchroniser, tous ensemble.

---

6. Homère, *Odyssée*, Chant XII, 151-200, traduction de P. Jaccottet, Paris, La Découverte, 1982.
7. Achotegui J., *The Ulysses Syndrome. The Resilience*, Barcelone, El mundo de la mente, 2014, p. 111.
8. Sperber D., *La Contagion des idées, op. cit.*

La musique sert de cadre pour réguler les émotions. Les bègues qui souffrent de ne pas maîtriser leur flux parolier découvrent le plaisir de contrôler l'expression de leurs émotions dès qu'ils apprennent à chanter. La musique structure leurs émotions et les mots du théâtre leur dictent comment parler sans bégayer.

Les mondes ritualisés sont à la fois matériels et mentaux. On ne mange pas n'importe quoi, n'importe où, avec n'importe qui. On ne fait pas l'amour n'importe comment avec des inconnus. On n'écoute pas la musique sans s'accorder avec les autres. Le cadre rituel permet d'habiter un même monde, d'onduler avec nos voisins, de ressentir une tendre intimité avec ceux qui ont le même orgasme que nous, en même temps, dans un même lieu. Quand le cadre donne forme à la jouissance et crée le bonheur d'être ensemble, chacun sert de base de sécurité à l'autre en devenant familier. De même, dans les situations d'attachement, l'enfant sécurisé dans sa niche affective acquiert confiance en lui et plaisir de découvrir le monde des autres. Celui qui se sent affectivement épaulé par une présence sécurisante ose tenter le dépassement de soi.

Certains religieux qui n'ont pas acquis suffisamment de confiance en eux pour éprouver le plaisir d'explorer un autre monde se cramponnent au cadre qu'ils ressentent comme un interdit sécurisant. Les mots, les gestes se mécanisent et cette manière de croire les mène à l'intégrisme. En ayant peur de tout ce qui n'est pas eux-mêmes, ils se sentent agressés par la moindre variation de chant, de prière ou de rituel. Pour eux, toute différence est un blasphème qui mérite sanction.

Quand il y a rigidification, stéréotype, clonage de mentalités, la restriction du monde éteint la pensée, coupe l'élan vers l'autre, empêche la découverte, alors le plaisir de vivre se transforme en étau.

Comme tous les sentiments, la musique est une jouissance qui peut être valorisée, ignorée ou condamnée selon les cultures. Dans un contexte en paix, on se détend, on se laisse pénétrer par les sons et l'harmonie. Il faut noter que certaines situations rendent la jouissance insupportable. Jouir du sexe au moment où l'on descend en terre le cercueil de votre mère serait un plaisir scandaleux. Or certaines personnes très insécures ne se risquent pas à exprimer un « je t'aime », elles se rigidifient pour supporter l'existence. Pour de telles personnalités, toute jouissance est indécente, elles se crispent pour rester debout, elles n'osent pas se laisser aller aux plaisirs de l'existence par crainte de s'effondrer. L'érotisme, le rire et la musique sont un grand danger pour de telles structures mentales.

Il est horrible d'écouter de la musique quand la culture lui donne une mission horrible. La musique a été requise par l'administration du Konzentrationlager où des orchestres devaient accompagner les déportés condamnés à être pendus. Dans ces conditions, elle prenait une signification intolérable : « La musique peut devenir haïssable pour celui qui l'a le plus aimée[9]. » Elle devient criminelle quand elle facilite l'exécution industrielle de millions d'êtres humains au rythme des

---

9. Quignard P., *La Haine de la musique*, Paris, Gallimard, « Folio », 1997, p. 197-199.

violons et des coups de matraque, quand la mélodie cadencée par les aboiements des chiens et les hurlements des kapos tourne la beauté en dérision et mène les âmes déjà mortes à une tombe ridicule où les corps gazés, entassés et brûlés s'évaporent en fumée puante.

La musique, merveille érotique dans une culture en paix, peut prendre la signification d'un acte de résistance quand elle sauve la dignité des persécutés. Écouter un air d'opéra à Theresienstadt où les détenus attendaient la mort révulsait ceux qui avaient perdu l'espoir, mais enchantait ceux qui voulaient vivre, encore un peu. Le chœur des Hébreux dans *Nabucco* (Verdi) luttant contre l'oppresseur exalte aussi la résistance des Italiens occupés par les Autrichiens. Et quand Germaine Tillion a écrit son invraisemblable *Verfügbar aux Enfers*, elle a fait rire les déportées qui se plaisaient à ridiculiser leurs bourreaux et cherchaient à donner sens au milieu insensé[10].

La musique possède un étonnant pouvoir de synchronisation des âmes vers l'extase, vers la sublime tristesse des requiems ou vers la dérision. Par quel mystère une convention sonore parvient-elle à provoquer de telles contagions émotionnelles qui nous amènent à vibrer ensemble, comme une seule âme ?

La neuro-imagerie propose une réponse. Être spectateur-participant à une messe orthodoxe provoque un réel émerveillement. Connaître la signification des actes joués sur la scène de l'autel donne une sensation d'élévation de l'âme. Il est donc logique que le cerveau

---

10. Tillion G., *Une opérette à Ravensbrück. Le Verfügbar aux Enfers*, Paris, La Martinière, 2005.

consacré à la perception des sons (lobe temporal) et des images (lobe occipital) consomme de l'énergie pour faire un travail que l'ordinateur traduira par une couleur incandescente, rouge ou jaune, comme un fer sur le feu. Puisque les saynètes et les chants provoquent une forte émotion, il est logique que le cerveau des émotions (système limbique) fasse un travail identique et donne les mêmes couleurs. On peut donc sans peine filmer ou photographier comment un rituel religieux fait fonctionner ces zones cérébrales.

CHAPITRE 26

CROYANCES ET FAUSSES CROYANCES

L'étude de l'ontogenèse d'un être humain, le développement psychique de l'œuf jusqu'à l'âge adulte, révèle notre aptitude neurologique à percevoir des signaux émis par le corps de l'autre, surtout par son visage. Progressivement nous apprenons à agencer ces perceptions pour en faire une représentation. Ce n'est donc pas un délire coupé de la réalité, c'est au contraire un arrangement de perceptions qui sont mises en scène pour en faire une représentation. Le dispositif neuro-sensoriel induit un sentiment réellement ressenti dans le corps. Les animaux connaissent ce niveau de la théorie de l'esprit, mais l'être humain, grâce à son aptitude à la parole, est capable d'agencer des perceptions passées ou imaginées pour en faire des représentations dématé-rialisées qui agissent bel et bien sur ses sentiments. Ce processus invite à distinguer l'ici-bas perçu et l'au-delà représenté. Pour des raisons neurologiques et dévelop-pementales, bien plus que philosophiques, nous sommes dualistes.

Les signaux que nous percevons sur le corps de l'autre alimentent nos premières représentations :
- D'abord, l'expression des émotions de l'autre, telle que les vocalisations, les cris, les mimiques faciales et les postures, permet, chez les hommes comme chez les animaux, de se représenter leurs intentions d'agression, de parade sexuelle, d'offrande alimentaire ou de conduite d'apaisement.
- Pour percevoir les signaux sociaux, il faut être devenu capable de sémantiser. Les signalements sont d'abord préverbaux, comme les vêtements, riches ou pauvres, les coupes de cheveux de personnes bien rangées ou antisociales, les bijoux ou les insignes qui racontent dans des histoires sans paroles comment nous souhaitons érotiser ou socialiser.
- Puis, quand la sémantisation devient parolière, on devient capable de croire ou ne pas croire les récits des autres. Pour penser que quelqu'un a des croyances différentes des siennes, il faut être soi-même suffisamment personnalisé. Alors seulement on pourra lui attribuer une fausse croyance.

Un test classique permet d'analyser comment un enfant accède à l'attribution d'une fausse croyance[1]. Devant un enfant, un expérimentateur met des billes dans une boîte à crayons, puis il demande : « Le monsieur qui vient d'arriver va-t-il chercher dans cette boîte des billes ou des crayons ? » Jusqu'à l'âge de 4-5 ans, les enfants répondent : « Il va chercher des billes puisque

---
1. Lane J. D., Wellman H. M., Evans E. M., « Children's understanding of ordinary and extraordinary minds », *Child Development*, 2010, 81 (5), p. 1475-1489.

j'ai vu qu'on y mettait des billes. » Ce n'est qu'après l'âge de 6 ans que les enfants déclarent : « Je sais qu'il y a des billes, mais je pense qu'il va croire qu'il y a des crayons. » Ce n'est que lorsque le propre monde mental de l'enfant est suffisamment construit qu'il devient capable de penser qu'on peut penser autrement que lui et qu'on peut se tromper.

Puis l'expérimentateur demande : « Où Dieu irait-il chercher les billes ? » Seuls les enfants beaucoup plus âgés, devenus capables de se représenter une instance omnisciente, désignent la boîte à crayons qui contient des billes car Dieu qui sait tout sait qu'il y a des billes dans la boîte à crayons.

L'idée d'omniscience divine n'est pas due au développement de la théorie de l'esprit à laquelle tout enfant accède vers 4 ans. La représentation d'un « Dieu qui sait tout » apparaît beaucoup plus tard, probablement due à l'intériorisation des récits de son entourage.

Quand un rabbin dit : « Dieu ne veut pas entendre la voix des femmes à la synagogue », il attribue à Dieu sa propre opinion, il anthropomorphise Dieu au lieu de le diviniser[2]. L'adulte qui a prononcé cette phrase n'était pas capable de penser qu'on peut penser autrement que lui. Il avait divinisé ses propres idées. Or, dans toutes les religions, on trouve des prêtres qui font dire à Dieu ce qu'eux-mêmes pensent : « Dieu n'aime pas la musique » ou « Dieu veut que les femmes se voilent ». Malek Chebel répétait : « J'ai consacré dix

---

2. Gervais W. M., « La cognition religieuse », *in* V. Saroglou (dir.), *Psychologie de la religion*, *op. cit.*, p. 77-78.

ans de ma vie à traduire le Coran. Je n'ai pas trouvé une seule ligne disant que les femmes devaient se voiler[3]. » Certains prêtres font de Dieu leur porte-parole alors que ce sont les prophètes qui doivent porter les paroles de Dieu. Mais quand tout un groupe répète : « Dieu ne veut pas entendre la voix des femmes » ou « Dieu veut que les femmes se voilent », c'est la preuve que cette collectivité est soumise à une contagion de croyances. Un personnage phare émet une sentence que le groupe accepte sans jugement. Une épidémie de croyances est explicable par ce qu'on pourrait appeler la « neurologie de l'être-ensemble », rendue observable et expérimentable depuis la découverte des neurones miroirs[4].

Le principe est très simple. Dès le deuxième mois nous percevons avec acuité certains traits d'un visage que l'on reconnaît instantanément. La barre des yeux et des sourcils, le nez et la bouche de notre figure d'attachement sont des objets saillants du monde qui nous entoure[5]. Or, à ce niveau de notre développement, nous ne pouvons pas ne pas imiter la mimique que l'on perçoit. Quand notre figure d'attachement sourit, nous ne pouvons pas ne pas sourire, quand elle ouvre la bouche ou fait la moue avec ses lèvres, nous ne pouvons pas ne pas imiter le même geste. Les neurones moteurs de notre cortex qui commandent

---

3. Il me l'a dit et répété, mais il a aussi écrit Chebel M., Sultan S., *Le Coran pour les nuls*, Paris, First, « Pour les nuls », 2009.
4. Rizzolatti G., Sinigaglia C., *Les Neurones miroirs*, op. cit.
5. Yamada H. *et al.*, « A milestone for normal development of the infantile brain detected by functional MRI », *Neurology*, 2000, 55 (2), p. 218-223.

nos muscles faciaux sont les mêmes que ceux qui, dans le cerveau de notre mère, ont commandé ses propres mimiques. L'expression des émotions de notre mère, quand elle sourit ou fronce les sourcils, entraîne notre propre cerveau à fonctionner de même. C'est dire que lorsqu'il n'y a pas de figure d'attachement autour de nous, ou lorsque notre mère est malade ou rendue malheureuse par son mari, par son histoire ou par sa société, nous nous développons difficilement dans un milieu mal stimulant. Il n'y a donc pas d'autisme initial, comme le soutenaient les psychanalystes, mais au contraire il y a une perception privilégiée de signaux émis par sa figure d'attachement dans une relation intersubjective[6].

Quand notre cerveau mûrit, nous gardons toute notre vie une tendance à faire le même geste que l'autre, à condition d'avoir établi avec lui un lien d'attachement. Lorsque cet autre privilégié manifeste un comportement signifiant, comme celui de saisir un fruit, les neurones moteurs de notre aire frontale ascendante consomment de l'énergie (à gauche, si nous sommes droitiers). Quand l'enfant voit un geste effectué par quelqu'un qu'il aime, il se prépare non consciemment à faire le même geste, et le pied de sa frontale ascendante consomme de l'énergie dans la même zone que chez celui qui fait réellement le geste. Le petit enfant ne peut pas ne pas imiter le geste des figures d'attachement avec lesquelles il tisse un lien affectif. Un enfant qui voit

---

6. Guedeney A., *Le Comportement de retrait relationnel du jeune enfant*, thèse de doctorat d'État, Paris-Descartes, 2016, p. 24.

un compagnon taper des mains se met aussitôt à taper des mains comme lui.

En vieillissant, les comportements d'imitation s'estompent, car le lobe préfrontal commence à inhiber les gestes en miroir. Le pied de la frontale ascendante « s'allume », mais le grand enfant ne passe plus à l'acte. Il se prépare à faire le même geste, mais il ne le fait pas. Les neurones moteurs « rougissent », mais il n'y a pas de comportement moteur. Ces neurones fonctionnent en miroir : le point de départ est dans l'autre qui nous prépare à agir comme lui. Ce n'est qu'après l'âge de 8 ans, quand les neurones du cerveau préfrontal se connectent avec ceux du système limbique (support neurologique de la mémoire et des émotions), que nous devenons capables de nous préparer neurologiquement à l'action comme celui (celle) que l'on voit. Mais nous ne l'imitons plus puisque nous sommes devenus capables de nous déterminer par rapport à nous-mêmes.

Cet effet miroir ne s'efface jamais totalement. Il suffit de constater que lorsque quelqu'un bâille, il déclenche le bâillement de ceux qui l'entourent ; lorsqu'il regarde sa montre ou lorsqu'il boit une gorgée, plusieurs personnes feront de même : nous fonctionnons ensemble. Lorsque nos proches sourient, ils nous invitent à sourire ; lorsqu'ils sont grognons, nous nous assombrissons ; lorsqu'ils se mettent en colère, nos muscles se préparent à la riposte. Il suffit de percevoir un indice sur le corps d'un autre pour que cela déclenche la préparation à une réaction identique. Lorsque l'on voit quelqu'un vomir, la partie antérieure de notre insula (zone temporale enfouie), stimulée par cette vision, déclenche notre propre nausée.

Les personnes qui sont coupées des autres pour des raisons génétiques, développementales ou psychologiques ne manifestent aucun effet miroir. Chez un enfant autiste, un compagnon peut sourire, se fâcher ou vomir, cela n'allumera aucune zone dans son cerveau[7]. À l'opposé, un enfant qui a établi des relations affectives allumera ses neurones frontaux ascendants, connectés à l'amygdale rhinencéphalique, simplement en entendant le froissement d'un papier de bonbon ou le tintement d'une fourchette dans une assiette[8]. Les enfants qui sont prêts à traiter les informations sensorielles de leur milieu et à en faire des arrangements signifiants se socialiseront facilement. L'être-ensemble est d'abord constitué par une symbiose sensorielle qui construit des passerelles pour faire fonctionner ensemble les cerveaux des personnes d'un même groupe.

Les enregistrements de résonance magnétique nucléaire fonctionnelle (RMNf) confirment que nos corps et nos mondes intimes fonctionnent en écho. Si j'aperçois une personne qui se déplace près de moi, seul mon lobe occipital de la vision s'allumera. De même, si je vois une pomme, cela ne stimulera que les zones cérébrales qui traitent les images. Mais si j'observe que

---

7. Frith U., « Mind blindness and the brain in autism », *Neuron*, 2001, 32 (6), p. 969-979.
8. Keysers C., Kohler E., Umilta M. A., Nanetti L., Fogassi L., Gallese V., « Audiovisual mirror neurons and action recognition », *Exp. Brain Res.*, 2003, 153 (4), p. 628-636.

cette personne tend sa main vers la pomme, alors là, mes neurones miroirs vont se mettre en alerte et me préparer à faire le même geste qu'elle. René Girard, le grand anthropologue qui a théorisé le concept de « désir mimétique », où tout désir est une imitation du désir de l'autre, fut enchanté de recevoir cette confirmation neurologique[9].

Ce constat explique la contagion des croyances. Le fonctionnement des neurones miroirs crée une sensation physique d'appartenance à un groupe. L'autre devient familier, donc sécurisant. Les gestes et les mots de la figure d'attachement s'imprègnent facilement dans la mémoire biologique de l'enfant au cours d'une période sensible de son développement[10]. Le côtoiement des cerveaux a permis d'apprendre, en quelques mois, la langue maternelle, l'accent, les rituels d'interaction, la manière de gestuer, de s'habiller, de ressentir le monde et de lui donner une forme verbale, un récit collectif qui identifie ce groupe. On croit ce que croient nos proches, nos frères en croyances.

Si nous avons acquis un attachement sécure, notre première croyance reste ouverte à d'autres croyances puisque, bien personnalisés, nous ne nous sentons pas en danger auprès de ceux qui ont une autre foi. Mais si un développement difficile a imprégné en nous un attachement insécure, nous avons besoin de certitudes pour ne pas nous sentir agressés. Alors nous nous

---

9. Bustany P., Cyrulnik B., Oughourlian M., colloque à l'Hôpital américain de Paris, « Les neurones miroirs et la théorie mimétique », 27 octobre 2007.
10. Flavell J. H., « Cognitive development : Children's knowledge about the mind », *Annual Review of Psychology*, 1999, 50, p. 21-45.

fermons à toute autre croyance, nous nous replions sur « d'autres-mêmes-que-nous », des clones mentaux en quelque sorte. Effrayés par la moindre divergence, le communautarisme nous protège et rend scandaleuse toute nouveauté. N'osant pas découvrir d'autres mondes que le nôtre, nous stéréotypons nos pensées, qui se transforment en slogans. Nous sommes heureux dans ce monde fermé, sécurisés par un entre-soi protecteur, et c'est le plus moralement du monde que nous partons en guerre contre les mécréants qui gâchent notre bonheur. Les guerres de croyance sont souvent sacrées, provoquées par des représentations divergentes. Elles peuvent aussi être profanes, idéologiques ou scientifiques, quand la croyance clôturée fait ressentir l'autre comme un agresseur ou un blasphémateur qui mérite une sanction métaphysique : la mort !

Ces communautés ont besoin de s'identifier pour caractériser leur être-ensemble. Alors, elles mettent au point une mémoire collective qui n'est en fait que la mémoire des récits de leur groupe. En cas d'isolement, sans événement ni émotion, que voulez-vous mettre en mémoire ? L'engourdissement psychique provoqué par l'appauvrissement d'un milieu endort le souvenir. Il n'y a pas d'événements pour alimenter un récit. Les millions de faits qui existent dans le réel font très peu d'événements pour structurer une mémoire. C'est une rencontre, une émotion, parfois même un trauma qui construisent et jalonnent un récit de soi. Mais il n'y a pas de relation directe, car la sensibilité à un fait dépend du moment où il survient, de la construction de la personnalité à ce moment-là, du contexte sécurisant ou insécurisant et de la manière dont aujourd'hui le sujet va chercher dans son passé ce qui pourrait expliquer son état actuel. Nous éprouvons alors une émotion provoquée non pas par le réel, puisqu'il est passé ou à venir, mais par la représentation de ce réel. La mémoire n'est pas le retour du passé, c'est la représentation du passé. C'est dire à quel point les pressions du milieu, les contraintes affectives et les récits d'alentour participent à la mémoire individuelle. Les individus prennent place dans un groupe en se laissant façonner par les pressions affectives et mémorielles qui construisent le récit identifiant ce groupe. Le sujet se reconnaît dans les récits fabriqués par le groupe : je suis chez moi avec les autres. Je suis sécurisé, fortifié en partageant la même histoire.

Quand change le contexte, les narrations changent en affirmant pourtant qu'il s'agit du récit intransgressable des origines. Quand les Juifs racontent que la mer Rouge s'est ouverte devant eux, puis refermée sur le passage de l'armée du pharaon, s'agit-il du souvenir d'un fait réel ou du souvenir d'un fait réel (comme une sorte de marée) remanié pour en faire un mythe rassemblant le peuple juif dans un même récit collectif ?

Les fabricants de récits (journalistes, prêtres, romanciers, cinéastes, psychologues, scientifiques…) composent une mémoire qui prétend raconter le réel passé, alors qu'elle n'en est que la représentation.

Qui a libéré la France ? Quand cette question a été posée pendant la période de 1950 à 1970, la forte majorité des réponses affirmait que les Russes nous avaient sauvés du nazisme. À cette époque où presque un Français sur trois votait pour le Parti communiste, il était impossible de proposer une idée qui n'aurait pas cité Marx. Il était donc cohérent de généraliser ces affirmations qui disaient que les Russes avaient libéré la France. Chacun y allait de sa petite histoire comme la prise du palais d'Hiver à Saint-Pétersbourg en 1917, comme l'amour des Russes pour le « petit père des peuples », le courage incroyable des combattants soviétiques contre les nazis, ce qui composait le faux souvenir de la libération de la France après le « débarquement des Russes en Normandie ».

Quand la même question a été posée dans les années 2000, les réponses furent différentes. La majorité affirmait que les Américains et les résistants avaient libéré la France. On ne pouvait plus citer les Russes après l'effondrement du mur de Berlin et les révélations du totalitarisme communiste. La libération par les Soviétiques ne venait plus en mémoire.

On ne cite toujours pas le sacrifice des Canadiens et on oublie le rôle important des Maghrébins qui ont libéré Toulon et Marseille avant d'être héroïsés à Paris. Quand notre expansion industrielle a exploité ces hommes, on a oublié qu'ils avaient participé à la Libération.

Quand les récits collectifs ont pour fonction de mettre en lumière les faits qui éclairent notre manière d'être ensemble, ils mettent à l'ombre des millions d'autres faits. Dans les années d'après-guerre, il n'y avait pas de Juifs à Auschwitz. La religion préoccupait si peu les récits de l'époque qu'il n'y avait, dans ce camp d'extermination, que des Roumains, des Hongrois, des Allemands ou des Français, mais pas plus de Juifs que de Bouddhistes. Le faible souci du sacré dans les années 1945-1960 ne mettait pas en lumière la mémoire religieuse. En revanche, la glorification des héros russes et des résistants remplissait les films, les romans et les conflits politiques. On allait chercher dans le passé des faits vrais qui alimentaient la mémoire de cette époque. Les récits collectifs de la mémoire de la Seconde Guerre mondiale, quand « deux figures structurantes se succèdent, visant la figure du héros, cela structure la mémoire française de la guerre, avant de voir (aujourd'hui) succéder la figure de la victime juive[11] ». On peut ainsi observer comment la mémoire individuelle prend sa place dans un contexte de mémoire collective et comment les mémoires religieuses possèdent une fonction d'identification et de rassemblement des croyants.

En changeant selon les époques, les récits modifient les croyances des individus. Le catholicisme, « religion longtemps dominante en France, est devenue minoritaire : en 2008, 42 % des Français s'y identifiaient alors qu'ils étaient 70 % à le faire en 1981[12] ». Le paysage religieux devient pluraliste et les minorités croyantes deviennent plus voyantes dans un contexte culturel où la non-religion est majoritaire. Les préoccupations

---

11. Peschanski D., « Reponses memory studies », *in* F. Eustache (dir.), *Mémoire et oubli*, Paris, Le Pommier, 2014, p. 78.
12. Willaime J.-P., « Chacun ses croyances religieuses ! », *Les Grands Dossiers de sciences humaines*, septembre-octobre-novembre 2016, n° 44, p. 73-75.

religieuses remplissent une culture de moins en moins croyante[13].

Dans les démocraties occidentales, le souci de ne pas répéter les guerres de religion explique l'importance accordée à la liberté du choix religieux. Cette tolérance offre une opportunité de développement à des groupuscules fanatiques. S'opposant aux enragés de Dieu, on assiste à la naissance d'une spiritualité laïque où les manières de rencontrer Dieu sont personnelles. Cette ouverture d'esprit fragilise les liens sociaux et familiaux. Quand il n'y avait qu'une seule manière d'être catholique, de se marier, d'aller à la messe de son village et d'écouter les directives du curé, le groupe fonctionnait comme un seul homme. Or, en démocratie, le peuple n'est pas un seul homme, il est composé de mille tendances différentes et opposées. Celui qui, dans un contexte démocratique, a besoin de croire en Dieu pour des raisons d'angoisse, d'extase, de filiation, d'appartenance ou de transcendance met au point sa propre manière de se confier à Dieu et de le célébrer. Les Juifs, après la Seconde Guerre mondiale, allaient de temps en temps à la synagogue. Aujourd'hui, le groupe orthodoxe reprend le devant de la scène. Chez les Protestants, l'évangélisme est en pleine croissance. Quant aux Musulmans laïques, croyants et tolérants pour leur grande majorité, ils laissent une minuscule minorité d'enragés prendre la parole en commettant des attentats. Ces fous de Dieu sont peu nombreux,

---

13. Bréchon P., Galland O. (dir.), *L'Individualisation des valeurs*, Paris, Armand Colin, 2010.

c'est vrai, mais cet argument est dangereux, tant il est démissionnaire. Moins de 1 000 marins russes se sont emparés du palais d'Hiver pour piller les cuisines, et non pas pour imposer le communisme qu'ils ne connaissaient pas. Trente ans plus tard, plus de 1 milliard d'êtres humains vivaient sous ce régime collectiviste. En 1929, 2,6 % des Allemands votaient pour le parti nazi. En 1939, ils étaient 95 % fanatisés ou obligés de claquer des saluts hitlériens. Les djihadistes sont peu nombreux à commettre des assassinats au nom d'Allah. Plusieurs pays arabes ou musulmans vivent déjà sous le joug d'une police religieuse.

En Europe chacun bricole son rapport avec sa foi. Les croyants choisissent leur lieu de prière et les sans-dieu négocient avec l'Église et les compagnies funéraires pour organiser des cérémonies d'enterrement à rituel privé. On ne se soumet plus aux préceptes du curé, on programme soi-même les chants, les prières et les repas de deuil. Les jeunes, de moins en moins respectueux des religions, sont de plus en plus intéressés par la spiritualité. Ils en font une transcendance, un mélange d'art, de don de soi et de sens donné à l'existence. Afin de réaliser un projet de vie, ils s'engagent dans les ONG, dans l'armée ou dans des activités sociales où ils offrent les aides affectives et utilitaires que leurs parents trouvaient dans les pratiques religieuses.

« La foi aveugle envers les textes sacrés du bouddhisme, c'est la stupidité[14] », a dit le dalaï-lama. Les jeunes Chrétiens, en Europe, élaborent une foi

---
14. Dalaï-lama, Conférence à l'université de Strasbourg, 17 septembre 2016.

personnelle, pimentée de bouddhisme. Les laïcs et les religieux s'intéressent à la science du fonctionnement mental où les découvertes récentes de la neurobiologie expliquent la dimension spirituelle de tout être humain. Pourra-t-on demain croire en Dieu, l'aimer et le célébrer sans se soucier de la religion ?

CHAPITRE 27

LE SEXE ET LES DIEUX

L'activité humaine la plus réglementée dans les religions, c'est la sexualité. Il s'agit de codifier un acte physiologique, composé d'érection, de lubrification et de mouvements de bassin de façon à lui donner une importance métaphysique. Car c'est avec cet acte moteur que l'on fabrique du sacré et du social : le sexe met au monde une âme pour adorer Dieu, et les lois du mariage fabriquent du social en organisant l'alliance des familles et la transmission des valeurs. Le sexe a aussi une dimension politique, car lorsqu'on obéit à l'injonction : « Soyez féconds, multipliez et remplissez la terre », on prépare le groupe à une lente prise de pouvoir démographique. La plupart des religions codifient la sexualité qui structure le vivre-ensemble ici-bas, afin de mériter l'au-delà. Dans une telle conception culturelle, la fonction affective du sexe est secondaire et la jouissance, quand elle survient, est mal considérée : « Comment osez-vous perdre la tête en ressentant un spasme, alors que cet acte doit mettre au monde une âme et assurer le pouvoir ? » Le sexe est moral, mais pas la jouissance !

Les jeunes Chrétiens aujourd'hui sont plus permissifs que leurs parents. Les relations prénuptiales sont moins considérées comme une grave transgression, le mariage est une entente entre jeunes gens, et non plus une autorisation donnée par le prêtre ou la famille. Le divorce est une triste libération et non plus une faute honteuse. Dieu et la société, n'ayant rien dit pour l'union, n'ont rien à dire pour la désunion.

Au milieu de cette chrétienté souriante, les jeunes fondamentalistes s'accrochent aux anciennes valeurs. Ils sont fiers de respecter la morale divine. Les hommes se sentaient grandis par leur rôle de chef de famille et les femmes acceptaient cette hiérarchie vertueuse[1] qui consistait à héroïser, donc à sacrifier les pères et à entraver les femmes pour les consacrer à la famille. J'ai connu des ouvriers qui travaillaient dans des conditions de torture physique, pour assumer ce rôle d'Homme-chef. Depuis l'apparition des métiers du tertiaire qui ont explosé à partir des années 1960, les métiers ne sont plus sexualisés. Les femmes peuvent tous les faire, ce qui leur donne estime de soi et indépendance sociale. L'autonomie est devenue une valeur occidentale du XXe siècle, alors qu'au Moyen Âge elle était impensable. Elle était même considérée comme une désocialisation, une forme de folie.

---

1. Bang E., Lewis Hall M. E., Anderson T. L., Willingham M. M., « Ethnicity, acculturation, and religiosity as predictors of female college students' role expectations », *Sex Roles*, 2005, 53 (3-4), p. 231-237.

Plus on est religieux, plus on valorise le renoncement. Il est donc prévisible que ces jeunes couples auront peu de rencontres prénuptiales, peu d'aventures extraconjugales et accepteront une sexualité sans fièvre, avec de nombreux enfants. Ces renoncements les rendront heureux et fiers d'eux. Dans un couple stable, donc sécurisant, on s'attache paisiblement, on élève son âme : « La restriction sexuelle [...] est perçue comme spirituelle et vertueuse[2]. » Quand on est fier d'inhiber ses désirs pour plaire à Dieu, quand on n'est pas soumis à ses impulsions bestiales, on se laisse gouverner afin de faciliter les relations sociales. Les inhibitions morales concernent le sexe évidemment, mais aussi les aliments et les vêtements : « Dites-moi ce que je dois manger et comment je dois m'habiller, de façon à mettre en scène mon approche de Dieu. » C'est très sécurisant de donner à quelqu'un le pouvoir de décider pour nous. Une étude transculturelle en Occident précise cette idée. « Monsieur, madame, vous pouvez choisir les *ice creams* qui vous tentent. Dans un bac, vous avez 50 flaveurs qui n'ont pas été sélectionnées, dans l'autre vous n'en avez que 10 choisies par des professionnels. Lesquelles prenez-vous ? » Les Suisses, les Français, les Allemands, les Italiens et les Anglais ont tous choisi les *ice creams* sélectionnées par des professionnels supposés compétents. Seuls les Américains ont choisi le bac à

---

2. Yexin J.-L., Cohen A. B., « Religion, sexualité et famille », *in* V. Saroglou (dir.), *Psychologie de la religion, op. cit.*, p. 186-187.

50 flaveurs pour en avoir plus, pensant que « plus, c'est mieux[3] ».

Quand on est croyant, se laisser gouverner apporte de grands bénéfices psychologiques. On se sent moral, maître de soi, acteur de la vie familiale et sociale. Mais on ne peut pas inhiber n'importe quoi. Il n'y a pas d'interdit de respirer, il n'y a pas d'interdit de boire de l'eau, la prohibition ne porte que sur certaines boissons artificielles[4]. Les interdits alimentaires concernent certains aliments, pendant un certain temps : jeûne, ramadan, viandes le vendredi... C'est sur la sexualité que les interdits agissent de préférence. L'interdit de respirer ou de boire de l'eau détruirait la vie, alors que l'interdit sexuel structure la société et élève vers Dieu. Une hiérarchie des hommes s'établit selon leur aptitude à respecter l'interdit. Ceux qui passent à l'acte sans tenir compte des autorisations sociales seront appelés psychopathes asociaux, jugés et condamnés. Ceux qui régulent leur sexe et le consacrent à faire des enfants et ceux qui pourront totalement renoncer à la sexualité seront considérés comme transcendants et méritants de Dieu.

La chasteté est l'idéal supérieur dans plusieurs religions. Les premiers Chrétiens pensaient que l'abstinence totale était le plus sûr moyen de gagner le Salut. Les Romains pouvaient avoir de nombreuses rencontres, mais elles devaient être brèves et inaffectives. On se

---

3. Fischler C., Masson E., *Manger. Français, Européens et Américains face à l'alimentation*, Paris, Odile Jacob, 2008.
4. L'eau est souvent utilisée lors du baptême ou des rituels de purification, mais il s'agit d'eau qui symbolise et non pas d'eau qui réhydrate. L'eau du Gange utilisée pour purifier est dangereuse à boire tant elle est polluée.

moquait des faibles qui tombaient amoureux, car ils se soumettaient à une femme et non plus à l'armée conquérante de la paix[5]. Au Moyen Âge, on admirait ceux qui renonçaient au mariage pour se consacrer aux activités masculines nobles : la robe du clergé et l'épée du soldat. Les faibles qui se mariaient, tant pis pour eux.

Les religions ne sont pas constituées d'emblée. Il faut plusieurs siècles de guerres, de haine et de tâtonnements métaphysiques pour qu'un dogme la structure... momentanément. La religion juive, de 1000 ans avant Jésus jusqu'à 1492, date de l'expulsion d'Espagne, était ouverte à mille influences : « Les Juifs n'étaient pas ce peuple à piété rigide [...], au contraire [...], pendant des siècles, ils se sont mélangés avec les Cananéens, les Égyptiens, les Babyloniens, les Perses, les Grecs, les Romains, les Arabes... et les Chrétiens d'Europe[6]. » Shimon Peres expliquait qu'aujourd'hui encore ce processus se poursuit. « Connaissant à peu près la démographie juive à l'époque du Christ, il devrait y avoir sur terre 300 à 400 millions de Juifs. Il y en a moins de 15 millions, où sont passés les autres ? Ils sont devenus arabes, musulmans, chrétiens et parfois antisémites[7]. »

Le christianisme, lui aussi, a pris forme lentement. C'était une secte juive jusqu'à la conversion de Constantin en 312. Séduit par cette religion d'amour,

---
5. Veyne P., « Plaisirs et excès », *in* P. Ariès, G. Duby (dir.), *Histoire de la vie privée*, tome I : *De l'Empire romain à l'an mil*, Paris, Seuil, 1985, p. 198-199.
6. Schama S., *L'Histoire des Juifs. Trouver les mots. De 1000 avant notre ère à 1492*, Paris, Fayard, 2016.
7. Shimon Peres, communication personnelle, Paris, octobre 2007.

il en a fait une religion d'État au concile de Nicée (325)[8]. La population a adhéré sans contrainte ni massacres à l'« illumination » de l'empereur qui, en se rapprochant de Dieu, a remporté la victoire. Partager la religion du chef est une machine unificatrice efficace.

L'islam connaît les convulsions qui précèdent le dogme. Dès la mort du prophète, chiites et sunnites sont entrés en guerres fratricides, comme l'a été le christianisme jusqu'à l'Inquisition qui a fait cesser les guerres intestines (1231-1233) et rassemblé la chrétienté[9].

La haine du plaisir sexuel se retrouve dans de nombreuses religions. Dans l'Ancien Testament, toute sexualité de plaisir est condamnée : Onan qui « verse sa semence par terre » est blasphématoire puisqu'il refuse de mettre au monde une âme pour adorer Dieu. La sodomie régulièrement pratiquée dans l'intimité des couples pour éviter les grossesses répétées provoque l'horreur des prêtres car, ne faisant pas d'enfants, elle est antinaturelle. La jouissance conjugale, combattue par l'Église, fut appelée « fornication » pour signifier la débauche d'une rencontre sexuelle sans fruit. Ce terme religieux s'appliquait aux prostituées et aux couples mariés qui se rencontraient sans avoir l'intention de faire un enfant, juste pour le plaisir ! Les modèles de l'amour chrétien sont asexués : la Vierge, Joseph et le Christ sont trop purs pour pratiquer le sexe. Seule la sexualité de reproduction est morale.

---

8. Veyne P., *Quand notre monde est devenu chrétien (312-394)*, Paris, Albin Michel, 2007.
9. Le Fur D., *L'Inquisition, op. cit.*, p. 15.

La Torah juive accorde aux époux le « droit de se réjouir mutuellement ». Le plaisir est acceptable si la fonction sociale du couple est pérenne, alors que ce plaisir est totalement interdit à l'extérieur.

L'hindouisme et le bouddhisme fournissent aujourd'hui les champions de l'abstinence, alors qu'à l'origine le sexe était considéré comme un simple élément naturel de la condition humaine. L'acte était source d'éveil, à condition que le désir, toujours suspect, n'entrave pas le progrès spirituel. Le sexe est céleste puisqu'il donne la vie, expression de la danse divine – le *Kama-sutra* en est l'illustration. L'homosexualité n'est pas répugnante, et les partenaires multiples ne sont pas immoraux. L'acte sans semence, dû à l'énergie féminine, ouvre les centres psychiques des chakras. Cette sexualité tranquille a été modifiée par le puritanisme des colons au XIXe siècle, qui a introduit la morale punitive pour ceux qui ne se soumettaient pas à ses règles[10].

Le bouddhisme, dérivé de l'hindouisme, considérait lui aussi que la sexualité était une simple activité humaine. La seule contrainte morale était le respect, de l'autre et de soi. On pouvait donc avoir des aventures extraconjugales à condition de ne pas « tromper » son conjoint. L'acte sexuel avec un autre n'était pas une tromperie, mais lui mentir, le lui cacher en était une. Une telle honnêteté affective n'était possible que si l'attachement, non exclusif, supportait cette tolérance. Une personne ayant besoin d'un attachement intense unique

---

[10]. Deshayes L., « Sexualités extrême-orientales, le reflet de la vie », *Le Monde des religions*, 1er juillet 2009.

était considérée comme possédée, entravée par ce lien. Le détachement, dans cette optique, devenait une liberté !

Pourtant, même dans ces religions souples, on se méfie du désir. Il est dangereux quand il n'est pas contrôlé, car il nous livre à nos pulsions animales dont nous risquons d'être prisonniers. Le feu de l'amour n'est pas obligatoirement associé à l'acte sexuel. On peut très bien être amoureuse fou d'un chanteur ou d'une vedette de cinéma et, par ailleurs, avoir de tendres relations sexuelles avec un partenaire d'attachement. Cette discordance semble plus marquée chez les femmes[11]. Les jeunes filles qui vont régulièrement à l'église ont leur premier rapport sexuel beaucoup plus tard que les non-pratiquantes. Elles acceptent facilement les pressions familiales et sociales du choix du conjoint, elles ont peu d'aventures extraconjugales et elles mettent au monde leur premier enfant selon les normes culturelles. La sexualité affective dans les couples durables est aujourd'hui encore valorisée chez les jeunes de nombreuses religions, mais chez les Musulmans, la sexualité dite « sexualité du Sud », soumise aux normes, reste dominante[12]. « Le sentiment amoureux, par nature exclusif[13] », porte en lui le germe de la prison affective, mais l'évolution des mœurs revalorise l'attachement paisible qui mène à la paix des ménages et à la tolérance sexuelle.

---

11. Hull S. J., Hennessy M., Bleakley A., Fishbein N., Jordan A., « Identifying the causal pathways from religiosity to delayed adolescent sexuel behavior », *Journal of Sex Research*, 2011, 48 (6), p. 543-553.

12. Rajos N., Bozon M. (dir.), *Enquête sur la sexualité en France. Pratiques, genre et santé*, Paris, La Découverte-Ined, 2008.

13. Roussel I., Bourguignon O., *Génération nouvelle et mariage traditionnel. Enquête auprès de jeunes de 18-30 ans*, Paris, PUF, 1978, p. 187.

Plus on est amoureux de Dieu, moins on a de partenaires sexuels, ce qui n'empêche pas d'éprouver un sentiment de confiance, d'intimité sexuelle agréable et de bien-être avec le partenaire avec qui on a peu de rencontres sexuelles[14]. D'ailleurs, les croyants se disent satisfaits d'une telle vie de couple paisible et harmonieuse où chacun est attentif à l'autre, bien intégré dans sa vie de famille et dans sa culture. Ils ne dédaignent pas ce genre de couple moins érotique et plus affectueux, ce qui ne les empêche pas de recevoir parfois la foudre extraconjugale, intense, fiévreuse, merveilleuse et douloureuse. Les couples de croyants sont d'autant plus harmonieux que leur religiosité est synchrone. Si l'un va à l'église tandis que l'autre s'en moque, le lien d'attachement se tisse imparfaitement, puisqu'il ne permet pas de partager une expérience affective importante. L'effet unificateur de la croyance est amoindri par l'extase de l'un quand l'autre est mécréant.

Quand le mariage est sacré, il unit le couple, les parents et la culture dans l'adoration d'un être surnaturel qui nous surveille, nous punit et nous moralise. Les rituels religieux organisent des occasions de se rencontrer, de se transcender, de renforcer l'attachement, de recevoir la solidarité du groupe en se soumettant à ses pressions. Les enfants qui se développent dans une telle niche sensorielle, affective et sensée apprennent clairement la cohérence et la fraternité qui les renforcent et les sécurisent.

---

14. Buss D. M., « Sex, marriage and religion : What adaptive problems do religious phenomena solve ? », *Psychological Inquiry*, 2002, 13 (3), p. 201-203.

Il n'est pas nécessaire de croire en Dieu pour obtenir les mêmes bénéfices. Un couple dont l'existence est thématisée par une orientation politique, artistique, scientifique ou commerciale offrira les mêmes avantages. Beaucoup d'enfants de musiciens sont devenus musiciens parce que la vie de leurs parents était embellie par cette passion, par les répétitions avec l'orchestre et par les événements merveilleux et angoissants des soirées de concert. De nombreux enfants de politiciens ont appris le plaisir de défendre leurs idées et de combattre celles des autres. Beaucoup d'enfants de scientifiques, de sportifs et d'entrepreneurs ont bénéficié d'une niche affective riche en événements organisés et valorisés par le milieu qui, en prenant le relais de la famille, a tutorisé leur développement jusqu'à leur indépendance de jeunes adultes. Les écoles religieuses et laïques, les universités, les activités artistiques, les clubs de sport, les ONG et mille autres activités périfamiliales poursuivent l'épanouissement des jeunes pour les sortir de leur famille. Cette évolution heureuse correspond à 70 % de la population des adolescents de la culture occidentale[15].

Mais le tutorage n'est pas linéaire, la niche affective n'est pas toujours sécurisante. Les textes fondateurs de nombreuses religions sont des modèles de cruauté : armées noyées, premiers-nés égorgés, enfants sacrifiés… Le courroux des dieux leur fait perdre la tête, la rigueur éducative religieuse relativise l'impact

---
15. Choquet M., Ledoux S., *Adolescents. Enquête nationale*, Paris, Les Éditions de l'Inserm, 1994.

des punitions[16] : « J'ai moi-même reçu des fessées, je ne m'en porte pas plus mal », disent souvent les parents punisseurs. « Si mon père ne m'avait pas giflé, mes bêtises m'auraient coûté beaucoup plus cher. » Dans ces milieux religieux, il est tellement important d'accepter les rituels socialisateurs que les petites « transgressions » des enfants désobéissants sont ressenties comme un rejet de Dieu. Un petit châtiment corporel, comme une gifle, une fessée, une mise au cachot prend un effet presque moral puisqu'il permet de réaliser la volonté de Dieu, protégeant les enfants d'eux-mêmes.

Dans certains milieux musulmans, la référence à l'islam justifie les punitions physiques, psychologiques et sexuelles[17]. Certains versets du Coran ou certains hadiths donnent le droit au mari de « corriger » sa femme. Il s'agit d'une mauvaise interprétation des textes, dit Farida Zomorod, professeur à Dar Al Hadith Al Hassania. Le prophète, au contraire, invite à la tolérance : « La correction est tolérée dans certains cas particuliers [...] afin d'éviter des incidents plus graves [...] quand, en cas d'adultère l'époux peut aller jusqu'à l'homicide [...] c'est donc un moindre mal. » De même, l'« Itizal », qui interdit à un homme d'approcher sa femme quand elle a ses règles, permet de protéger les femmes contre la violence sexuelle, car « un époux privé de relations sexuelles pourrait en arriver

---

16. Hood R. W., Hill P. C., Spilka B., *The Psychology of Religion, op. cit.*
17. Mrabi A. M., « Violence à l'égard des femmes : la Rabita Mohammadia démonte les stéréotypes », *L'Économiste*, Maroc, 19 décembre 2016, n° 4919.

au viol conjugal ». Le Quiwama, verset coranique qui donne à l'homme le pouvoir de gouverner sa famille, ne s'applique qu'aux hommes mariés afin de « protéger les droits des femmes, en imposant à leurs époux de les prendre en charge financièrement ». C'est ainsi qu'une femme explique la « tolérance » du prophète !

Les mollahs iraniens donnent le même genre d'interprétation quand ils soutiennent qu'une condamnation à 100 coups de fouet est plus morale qu'une punition à la prison. On peut mourir de coups de fouet, sanction « morale » d'un homme surpris par la police religieuse en train de bavarder dans la rue avec une femme qui n'est pas son épouse. Le fouet, donné sur une place de village, humilie terriblement une femme coupable d'avoir montré ses cheveux, parlé à voix haute ou chanté en public[18]. Une part croissante de la jeunesse iranienne montre aujourd'hui ses cheveux et chante en public pour manifester son insoumission.

Dans toutes les religions, le langage des textes fondateurs est tellement métaphorique que son interprétation dépend du talent de l'interprète et de ses propres déterminismes inconscients. Le sentiment d'appartenance apporte de si grands bénéfices que les croyants tendent à clôturer le groupe pour rester entre eux, entre bons croyants. Dans un tel groupe autocentré, la morale devient perverse : on respecte une éthique de bonnes mœurs envers ceux qui partagent la même adoration et on devient pervers en

---

18. Somaye Kajvandi et Behrouz Safdari, parlant de Keywan Karami, emprisonné pour avoir filmé des graffitis jugés « propagande contre le régime ». Communication personnelle, La Seyne, janvier 2017.

méprisant les mécréants qui adorent un autre dieu. Leur mort n'est pas gênante et puisqu'ils sont méprisables, on trouve moral qu'ils soient punis.

Quand on pense que la seule morale sexuelle ou sociale est celle de la religion à laquelle on appartient, on ressent avec dégoût les sexualités différentes. Les hétérosexuels pensent que les maladies sexuelles se transmettent facilement, même chez ceux qui pratiquent une sexualité normale. Alors, vous pensez bien que les homosexuels aux nombreuses rencontres sans fécondation possible, uniquement pour le plaisir des orifices, ont une probabilité élevée d'avoir des maladies sexuelles et de nous les transmettre. Depuis longtemps on associe le sexe et la maladie. Même un acte sexuel moral qui implique un risque de maladie est un peu dégoûtant, alors vous pensez bien que les homosexuels sont encore plus dégoûtants, eux qui ne connaissent pas l'acte moral de la procréation et n'éprouvent que le plaisir immoral de la fornication.

L'homosexualité est, pour ces croyants, plus choquante que la sexualité des prêtres, qui sont des hommes après tout. Il leur arrive de désirer une femme, c'est bien normal. Ils ont fait vœu de célibat, mais pas toujours de chasteté. Et puis, les femmes sont tellement séductrices, n'est-ce pas ? Pour une croyante chrétienne, un prêtre est un homme prestigieux. Il côtoie Dieu, il lui présente les nourrissons le jour du baptême, il aide les mourants à gagner le Paradis. Tous les dimanches, il est le chef de chœur des chants et des prières, il nous élève vers la spiritualité dans une église où l'on se sent bien. Un tel homme attire de nombreuses femmes pour qui l'admiration, l'affection et la sexualité sont des sentiments mêlés[19], si bien qu'un prêtre sur deux a des maîtresses régulières au cours de son sacerdoce[20]. Les Juifs et les Musulmans ont plutôt tendance à penser qu'un homme célibataire est un dangereux prédateur et que seuls les prêtres mariés sont moraux.

Les homosexuels ont choisi d'être déviants, pensent les croyants rigides, parce qu'il est impossible qu'un homme désire un autre homme, Dieu ne l'a pas voulu. Leur orientation sexuelle est donc une perversion et non pas une tendance naturelle qu'on pourrait pardonner. Ils transgressent volontairement pour jouir d'un acte dégoûtant et malsain, ils sont pénalisables et se retrouvent en prison.

En Thaïlande la philosophie religieuse, beaucoup plus ouverte, reconnaît la possibilité de sexualités différentes. Les hommes et les femmes s'attirent, mais il existe un troisième genre tout aussi naturel, celui des travestis, des transgenres et autres sexualités minoritaires, étonnantes, mais non pénalisables. Chez les Navajos, Indiens d'Arizona, les transgenres sont considérés comme l'aboutissement de la condition humaine puisqu'ils sont à la fois hommes et femmes[21].

Chez les Juifs, l'endogamie est encouragée. Le lévirat invite un homme, s'il est libre, à demander en

---

19. Hernandez K. M., Mahoney A., Pargament K. I., « Sanctification of sexuality : Implications for newlyweds' marital and sexual quality », *Journal of Families Psychology*, 2011, 25 (5), p. 775-780.
20. Vallet O., « Religion et santé mentale », art. cit.
21. Tousignant M., « Résilience collective et résilience des peuples », colloque Salon action santé, « Résiliences. Comment reprendre vie ? », Salon-de-Provence, 24-23 mars 2017.

mariage la femme de son frère qui vient de mourir[22]. Les Égyptiens, les Babyloniens, les Hindous et les Zoulous ont organisé un lévirat afin de maintenir la lignée du mort. La veuve reste la femme du mort, et le frère du défunt devient un substitut du mari. Les enfants qui naissent de cette union sont les enfants du mort. Les liens du mariage et la protection des enfants sont ainsi maintenus.

Mais les frères du défunt ne sont pas toujours d'accord. Quand Judas dit à Onan : « "Va vers la femme de ton frère, prends-la [...] et suscite une postérité à ton frère" [...,] Onan, sachant que cette descendance ne serait pas de lui préféra se souiller par terre [...]. Ce qu'il faisait déplut à l'Éternel, qui le fit aussitôt mourir[23]. » Le péché d'onanisme a eu une longue vie et n'est plus considéré comme une souillure méritant punition que depuis la fin du XXe siècle[24].

Le renfermement sexuel d'un petit groupe encourage l'endogamie[25]. Dans le judaïsme, religion de la descendance, les femmes transmettent la croyance en Dieu et enseignent les valeurs dans un lien de parenté qui s'étend jusqu'au quatrième ou cinquième degré. Dans ces milieux presque clos on se sent en famille, et les petites communautés d'émigrants sont heureuses de se recroqueviller sur elles-mêmes. Les Russes blancs à Nice

---

22. Bible, « Lois du lévirat », Livre du Deutéronome, chap. 25, verset 5-10.
23. Genèse, 38-9.
24. Brenot P., *Éloge de la masturbation*, Paris, Zulma, 2002.
25. Cohen A. B, Gorvine B. J., Gorvine H., « The religion, spirituality, and psychology of Jews », *in* K. I. Pargament, J. J. Exline, J. W. Jones (dir.), *Handbook of Psychology, Religion, and Spirituality*, tome I : *Context, Theory, and Research*, Washington (DC), American Psychological Association (APA), 2013.

ou les Allemands antifascistes à Sanary se sont organisés en petits groupes de militants amicaux et instruits.

Dans les milieux juifs, les activités culturelles servent de liant au groupe dans lequel toute famille est entourée par de nombreuses associations. L'art, la musique, le sport et l'éducation religieuse étayent ces familles et les aident dans leur rôle éducatif, ce qui facilite l'autonomie des enfants. Devant tant de possibilités de rencontres et d'instruction, l'épanouissement se poursuit en dehors de la famille. Mais c'est une liberté surveillée, car la religion organise tous les actes de la vie quotidienne. Le mariage avec un Non-Juif est souvent vécu comme une perte d'enfant : « Il nous quitte... nous ne pourrons plus jamais partager avec lui nos rituels familiaux. » Après la Shoah, beaucoup de survivants ne comprenaient pas pourquoi ils avaient dû mourir pour un Dieu auquel ils ne croyaient pas, leur judaïsme se diluait. Depuis peu, les synagogues acceptent les couples mixtes, comme le font les Églises, ce qui témoigne de la laïcisation occidentale de ces religions. Mais le noyau dur se referme, augmente l'intensité des rituels qui font flamber la présence de Dieu lors des activités culturelles et renforce l'instruction religieuse.

On assiste même à la naissance de minuscules réseaux hypercroyants, hyperactifs, heureux de défendre la religion agressée ou qu'ils croient agressée[26]. Ces croyances qui légitiment une défense sont

---
26. Lerner M. J., *The Belief in a Just World : A Fundamental Delusion*, New York, Springer, 1980.

particulièrement nettes chez les adolescents. Les filles s'y engagent comme dans une sorte de revendication de parité. Même si elles valorisent peu les actes violents, elles se laissent gagner par les épidémies émotionnelles[27]. Les groupes agressés augmentent leur solidarité afin d'affronter le froid, la faim, l'inondation ou l'attaque supposée d'un groupe voisin. Mais quand la paix est revenue, ils s'entre-déchirent parce que l'apaisement du contexte leur donne la possibilité d'élaborer des visions de mondes différents. Alors, certains se font volontairement agresser ou se disent attaqués pour réactiver l'effet solidarisant de la lutte contre la violence du groupe voisin.

La tendance à constituer un groupe clos où l'on parle la même langue, où l'on s'habille de la même écriture vestimentaire, où l'on respecte le même code relationnel, où l'on incorpore les mêmes valeurs a toujours existé. C'est tellement agréable et facile de se socialiser ainsi. Ce processus nécessaire dérive presque toujours vers un clonage langagier, vestimentaire, rituel, culinaire et même vers un clonage mental où chacun croit ce que croit son proche. On lit le même journal, on se retrouve à la même table, on écoute le même chef, dans un même temple, récitant tous ensemble les mêmes aspirations sociales et métaphysiques.

Il n'y a pas de progrès sans effets secondaires. Pour se sentir bien ensemble, il faut développer son empathie.

---

27. Kindelberger C., « Les croyances légitimant l'agression : un facteur de maintien des conduites agressives se développe avec l'âge ? », *Neuropsychiatrie de l'enfant et de l'adolescent*, 2004, 52 (8), p. 537-543.

Les interdits nécessaires pour structurer nos relations et canaliser nos pulsions deviennent souvent abusifs. Il est nécessaire de manger bien sûr, mais « selon Cassien, l'abus de nourriture attise le désir de fornication[28] ». Il est un fait que les petites offrandes alimentaires ont pour enjeu de provoquer chez l'autre un petit plaisir dont nous sommes la source, comme un début de relation où le plaisir physique serait l'amorce d'un plaisir charnel. De nombreuses rencontres sexuelles se préparent à table où l'on goûte non seulement les plats, mais où l'on apprécie aussi la manière de gestuer et de parler du partenaire espéré ! Mais dire que l'« abus de nourriture » mène au « désir de fornication », c'est reconnaître une contamination émotionnelle entre les aliments dont l'excès est écœurant et l'acte sexuel dégoûtant. Le désir de sexe devient une souillure, les contractures du visage, les spasmes du corps sont les stigmates honteux de la jouissance. Il faut purger son âme, comme on purge son ventre, il faut expulser le désir afin de purifier sa conscience.

Un plaisir honteux contamine le regard de celui qui éprouve ce sale désir : « Quiconque regarde une femme […] a déjà commis l'adultère avec elle[29] », puisque le simple fait de la désirer est une souillure. « J'étais tranquille, j'étais pur quand il n'y avait pas de femme. Il suffit que l'une d'elles apparaisse pour que la tentation me torture. Elles sont coupables puisque

---

28. Rauch A., *Luxure. Une histoire entre péché et jouissance*, Paris, Armand Colin, 2016, p. 22.
29. Évangile selon saint Matthieu, cité *in* Rauch, *ibid.*, p. 25.

lorsqu'elles ne sont pas là, nous, les hommes, sommes de purs esprits consacrés à Dieu. Si elles n'existaient pas, nous ne serions que béatitude et spiritualité. De quel droit nous rabaissent-elles et nous attirent-elles vers la salissure sexuelle ? » Ce phénomène de projection est classique dans la psychopathologie du quotidien : c'est une « opération pour laquelle le sujet expulse de soi et localise dans l'autre [...] des qualités, des sentiments, des désirs [...] qu'il méconnaît et refuse en lui[30] ».

Les femmes ne sont pas en reste dans cette opération mentale. Elles alternent le désir d'exposer ce qui, sur leur corps, pourrait amorcer une relation sexuelle (large décolleté, bijou orientant le regard vers la gorge des seins, taille serrée pour faire galber les hanches, démarche chaloupée, jupe fendue, yeux de velours...) et la crainte de la souillure. Celles qui ont horreur du sexe attribuent à tout homme un désir de flétrissure (« il veut me rabaisser »). La projection de la haine « provient du refus originaire que le Moi narcissique oppose au monde extérieur prodiguant des excitations[31] ». « Je ne supporte pas mon désir qui m'abaisse, pourraient dire ces femmes, alors je pense que tout homme est un violeur qui cherche à m'écraser. » Quand ces femmes vivent dans un monde sans dieu, elles empaquettent leurs corps dans des vêtements qui effacent toute amorce sexuelle. Et quand elles vivent dans un monde religieux où elles adhèrent aux croyances du groupe, elles sont

---

30. Houzel D., Emmanuelli M., Moggio F., *Dictionnaire de psychopathologie de l'enfant et de l'adolescent*, Paris, PUF, 2000, p. 540.
31. Freud S., *Pulsions et destins des pulsions* (1915), Paris, PUF, 1988, p. 42-43.

fières et heureuses de s'habiller pudiquement et parfois même de s'encager dans un linceul noir, sans vérifier que le texte fondateur de leur religion ne l'exige pas[32].

Il y a, pourtant, une asymétrie de genre dans ce mécanisme de projection : quand une jolie jeune femme, au cours d'une expérience de psychologie sociale, reçoit pour consigne d'aborder une série d'hommes inconnus et de leur dire : « Je me sens seule ce soir, voulez-vous passer la nuit avec moi ? », 80 % des hommes acceptent aussitôt. Ceux qui refusent sont probablement non attirés par les femmes, effarouchés par cette demande inhabituelle ou soupçonneux d'un guet-apens. À l'opposé, quand un beau jeune homme fait la même demande à des femmes inconnues, elles sont 80 % à refuser[33]. L'acte sexuel est asymétrique puisque l'engagement est plus lourd pour les femmes (pénétration, grossesse). Peut-être aussi leur sentiment mêlé de désir et de crainte les pousse-t-il à attacher plus d'importance aux rituels d'approche qui leur permettent de juger le candidat et de se familiariser avec lui ? Une femme qui a acquis un attachement sécure saura gouverner une demande d'intimité, en la décourageant ou en l'encourageant. Alors qu'une femme angoissée par la sexualité ne saura que se murer ou exploser. Dans l'ensemble les hommes accepteraient souvent une rapide aventure sans

---

32. Chebel M., Sultan S., *Le Coran pour les nuls*, *op. cit.* et Abdessalem Yahyaoui, « Processus d'interculturation et faillite de la transmission », colloque « L'intime, le privé et le public, une clinique du lien et de l'effraction », Hyères, 18 et 19 mai 2017.
33. Même observation, résultats un peu différents, mais même ordre de grandeur dans Panafieu J.-B., Marmion J.-F., *Séduire comme une biche*, Ornans, Éditions de la Salamandre, à paraître (2017).

lendemain, alors que les femmes ne rigolent pas avec ça. Mais on peut faire l'hypothèse que si la culture leur donne confiance en elles, elles rejoindront la sexualité des hommes et passeront plus facilement à l'acte[34].

Quand le désir est symétrique, la charge affective de la sexualité dépend de la signification que la culture lui attribue. Abélard écrit à Héloïse : « Tu sais à quelles turpitudes ma passion effrénée avait voué nos corps, au point que ni la pudeur, ni le respect de Dieu […] ne m'arrachaient au bourbier où je roulais[35]. » Pour les amants qui vivent dans une culture chrétienne où le péché de chair est infamant, le simple fait de s'aimer est un bonheur coupable, un bourbier où l'on se vautre. Le fol amour plongea les amants dans le désespoir. Leur bonheur fut douloureux car, par malheur, ils aimaient se vautrer dans les plaisirs sexuels qui les forçaient à renoncer à la pureté de l'élévation spirituelle. Héloïse, enceinte avant son mariage, prit le voile à Argenteuil et Abélard, émasculé par les sbires de l'oncle d'Héloïse, ne put demeurer ecclésiastique.

La description d'une telle sexualité, merveilleuse et tragique, ne se fait pas avec des raisonnements véritables. Ce n'est pas une logique qui chercherait à agencer des calculs, afin de juger et de décider. Il s'agit plutôt d'une rationalisation, où l'on donne une apparence raisonnable pour justifier une conduite émotionnelle dont on ne connaît pas la cause. Les études sur la fonction narrative de l'attachement nous aident à comprendre que lorsqu'il

---

34. Sales N. J., *in* « Sexe et amour à l'heure d'Internet », *Books*, mars-avril 2017, 82.
35. Abélard, *Lettres à Héloïse, Lettre V*, Paris, Garnier Frères, 1875.

y a concordance entre le récit intime d'un sujet (nous nous aimons) et le récit collectif (ils sont charmants avec leur fièvre sexuelle), la culture permet aux amants de ne pas souffrir de leur amour. Mais lorsqu'il y a discordance entre le récit de soi (nous nous aimons en dehors du cadre social) et les prescriptions culturelles (ils s'aiment sans tenir compte des lois de Dieu), leur amour authentique provoque une déchirure sentimentale.

Le désir sexuel est un outil relationnel entre deux personnes, mais la personnalité des partenaires attribue à cet outil une fonction particulière. Certaines femmes s'en servent comme d'un outil de domination : « Tant qu'il me désire, il restera avec moi et fera ce que je veux. » Elles achètent alors des vêtements qui déclenchent le désir des mâles et prennent des cours d'aguichement que l'on appelle « danses lascives ». D'autres disent : « J'ai peur des hommes, mais cette crainte disparaît dès qu'ils me courtisent. » Pour elles, la séduction est un tranquillisant. De même, certains hommes sont effrayés par leur propre passion : « Si par malheur je la désire, je la laisserai me dominer. » Masoch adorait ce fantasme et le mettait en scène. Il se faisait attacher aux pieds du lit, pendant qu'elle se promenait presque nue, vêtue seulement d'une veste de hussard brodée d'un liseré de fourrure. L'attente exacerbait son désir, jusqu'au moment où, d'un signe, elle lui donnait l'autorisation d'entrer dans son lit[36].

L'Occident chrétien du Moyen Âge n'était pas toujours terrifiant, il lui arrivait d'être guilleret. Les partouzes

---

36. Michel B., *Sacher-Masoch, 1836-1895*, Paris, Robert Laffont, 1989, p. 198-199.

municipales étaient organisées par le prêtre et l'échevin au cours de bains publics. « Aux célèbres bains de Baden près de Zurich, jeunes et vieux, hommes et femmes, bien portants et malades descendent ensemble dans la piscine publique [...] ou dans un trou d'eau en pleine campagne[37]. » La municipalité dressait de grands baquets d'eau tiède au-dessus de laquelle on posait une planche chargée de victuailles. De jeunes gens nus et chapeautés y banquetaient, et plus, si affinités.

Au XVIIe siècle, on appelait « libertin » celui qui, aujourd'hui, serait étiqueté « pervers » : « Sans âme et sans foi il fait de son plaisir une suprême loi[38]. » Lacan, avec les mots d'aujourd'hui, donne la même définition : « Pour un pervers, seule compte sa jouissance. » Sganarelle dans le *Dom Juan* de Molière (1665) dit : « Dom Juan, mon maître [...], qui ne croit ni Ciel, ni Enfer, ni loup-garou [...], en pourceau d'Épicure [...] traite de billevesées tout ce que nous croyons. » Dom Juan le pervers se moque des croyances et, en guise de riposte, les croyants vertueux le traitent de « pourceau d'Épicure », eux qui, pour s'élever vers Dieu, refusent de se vautrer dans la fange sexuelle.

Après le règne de Victoria, les femmes avaient appris à se tenir assises en serrant pudiquement leurs genoux. Elles mettaient des robes longues et se voilaient parfois. Puis l'Occident est devenu lentement irréligieux, le mot « luxure » a disparu, progressivement remplacé

---

37. Ariès P., Duby G. (dir.), *Histoire de la vie privée*, tome II : *De l'Europe féodale à la Renaissance, op. cit.*, p. 595.
38. Boileau N., *L'Art poétique*, 1674.

par l'expression « droit à la jouissance ». Dans la nouvelle culture il convient de célébrer la beauté du moche. Les artistes sculptent des poubelles, photographient des pots de chambre, exposent le lit où ils se sont suicidés et peignent, au poil près, des vulves consentantes. On filme *Gorge profonde*, on admire les performances d'un comédien rendu célèbre pour ses érections inoxydables, et *Les Valseuses*, métaphore testiculaire, remporte un grand succès commercial depuis que l'érotisme est descendu des cieux pour entrer dans les magasins.

CHAPITRE 28

À L'AUBE DE LA SPIRITUALITÉ

À l'origine de l'humanité, les êtres humains se déplaçaient beaucoup. Il y a deux millions d'années, *Homo erectus* a quitté l'Afrique de l'Est pour migrer vers l'Eurasie et faire le tour de la Méditerranée. Il y a cent mille ans, Monsieur Sapiens et Madame, nos archi-grands-parents, sont partis à pied de cette région d'Afrique pour s'installer en Europe et au Proche-Orient où ils se sont confrontés à la famille Neandertal (– 50 000 à – 30 000). Ces deux groupes ont établi des rapports de commerce, de violence et de sexualité dont nous sommes le résultat puisqu'aujourd'hui nous portons entre 1 à 4 % des gènes néandertaliens.

Les mouvements de population étaient dus, comme aujourd'hui, à des catastrophes naturelles, éruptions de volcans ou périodes glaciaires. Il y avait très peu d'hommes sur terre à cette époque puisqu'il y aurait eu un rétrécissement, un goulet de 15 000 à 20 000 squelettes[1] il y a

---

1. Ambrose S. H., « Late Pleistocene human population bottlenecks, volcanic winter, and differentiation of modern humans », *Journal of Human Evolution*, 1998, 34 (6), p. 623-651.

dix mille ans[2]. Il y avait de la place pour tout le monde à cette époque, ce qui n'empêche que nous étions sans cesse menacés de mort par les éléments naturels et par les autres groupes humains qui ne nous ressemblaient pas, ne parlaient pas comme nous et entraient en rivalité pour s'emparer des espaces protégés, des plantes et du gibier dont nous avions besoin pour survivre. Nous chassions, nous donnions la mort pour ne pas mourir. La lutte contre les éléments naturels et la violence contre les hommes non familiers prenaient, dans un tel contexte, une valeur de survie.

On chassait pour se socialiser bien plus que pour se nourrir. Il fallait parler pour expliquer la stratégie de la traque, coordonner le groupe autour de la répartition des tâches spécialisées (celui qui repère le gibier, ceux qui le tuent et celles qui partagent la viande en fonction de la hiérarchie du groupe). La parole donnait sa force et son efficacité au groupe et l'invention des armes devenait un outil socialisateur. Dès que nos ancêtres ont inventé le projectile, l'arc, la flèche et la confection d'un piège, les êtres humains qui appartenaient à ce groupe se sont sentis confiants et plus forts que les autres. Comme nos enfants quand ils se font une épée avec un bout de bois et se sentent sécurisés dès qu'ils ont inventé une arme imaginaire.

L'art d'emblée a été lié à la mort. Les objets tranchants, les armes, les lanceurs en os, les sépultures et les peintures décoraient les parois et racontaient des

---

2. Harpending H., Cochran G., *The 10.000 Year Explosion. How Civilization Accelerated Human Evolution*, New York, Basic Books, 2009.

histoires de vie et de mort. On disposait le corps du défunt selon un code postural qui voulait dire : « Les genoux orientés vers le levant désignent un homme, vers le couchant une femme. » On colorait les cailloux, on disposait des pétales de fleurs, on jouait d'un instrument de musique en soufflant dans des coquillages, en raclant des bûches en bois ou en perçant des trous dans des os afin d'en faire des pipeaux. Cette paléoliturgie était belle et émouvante. La famille Cro-Magnon pleurait certainement et élevait son esprit en pensant au défunt, sa vie, son œuvre, sa mort. Grâce à cette mise en scène, les objets d'art, de mort et de beauté entouraient le défunt, tandis que les proches chantaient et offraient des aliments. Toute personne qui assistait à de telles représentations jouait le théâtre de la vie et de la mort.

L'art religieux rend visible la mort invisible. Le dessin d'un mort plante dans l'âme de chaque participant à un rituel de deuil un sentiment de transcendance. Mais, dans ce monde de représentations jouées, l'homme-mâle chemine différemment de la femme-femelle. L'homme est avantagé par sa force et son aptitude à la violence. Les femmes moins vives et alourdies par leurs incessantes grossesses semblent moins douées pour la violence physique, mais elles possèdent ce don invraisemblable, quasi magique, de mettre au monde des hommes vivants. Quand un enfant pousse dans son ventre, quand le lait lui vient dans la poitrine, la femme ressemble à une divinité animale. Elle donne la vie, nous approche de Dieu et nourrit avec ses seins des enfants et des animaux. « Elle enfante, elle maîtrise les félins[3] », comme l'ont sculptée des artistes métaphysiciens en Anatolie au VIIe siècle (Çatal Höyük), et comme on peut le voir encore aujourd'hui en Nouvelle-Guinée, quand des femmes mastiquent des aliments pour les bébés animaux ou donnent le sein à des chiots[4].

Dès l'instant où, au paléolithique, l'homme comprend qu'il doit sa force au monde de l'artifice (celui de l'outil et du verbe), il échappe à la nature et même la domine. La représentation qu'il se fait de lui-même est bouleversée par l'artifice. Il n'est plus un faible animal humain poursuivi et mangé par les tigres à dents de sabre, incapable de courir vite, de nager sous l'eau ou de voler dans les airs. Dès qu'il accède au monde virtuel, l'homme devient maître de la nature. En fabriquant des outils, en inventant des mots, il crée son propre monde mental où il côtoie les forces invisibles. En forgeant des armes ciselées, il donne la mort qui lui permet de vivre. En bâtissant des sépultures, il met en scène un monde métaphysique où s'exerce une force qu'il appelle son âme[5].

L'homme désormais habite un monde virtuel où il admire et craint les animaux, où il désire les femmes et les redoute car leur corps possède le pouvoir de donner la vie. Dans un tel monde de représentations, les animaux ne sont plus seulement des aliments, ils possèdent

---

3. Otte M., *À l'aube spirituelle de l'humanité. Une nouvelle approche de la préhistoire*, Paris, Odile Jacob, 2012, p. 144-145.
4. Milliet J., « La part féminine dans le planimètre animal de compagnie », *in* B. Cyrulnik (dir.), *Si les lions pouvaient parler. Essais sur la condition humaine*, Paris, Gallimard, « Quarto », 1998, p. 1090-1091.
5. Tinland F., *L'Homme sauvage*. Homo ferus et Homo sylvestris, *de l'animal à l'homme*, Paris, L'Harmattan, « Histoire des sciences humaines », 2003.

une force mentale que l'homme veut s'approprier. Les rituels de mise à mort persistent de nos jours sous forme de chasses, de poursuites de renards, de cerfs et de courses de taureaux où un homme frêle, grâce à son épée et à son intelligence, impose sa loi à un monstre de muscles qui cherche à l'encorner. Les opposants à la corrida croient que le torero joue à torturer un bel animal innocent, alors que pour les aficionados, il s'agit d'une mise en scène mythique, presque spirituelle, où un homme prouve, dans une danse à mort avec l'animal, qu'il est plus fort que ceux qui veulent l'anéantir.

L'homme moderne est né il y a quarante mille ans grâce à une convergence de découvertes de techniques et de récits qui ont bouleversé l'idée qu'il se faisait de sa place dans la nature. Il devenait plus fort que la mort grâce à sa créativité et à sa violence. La femme assurait la survie en mettant au monde des hommes et en hiérarchisant le groupe grâce à son partage du gibier et à la cuisine du cuit.

L'homme est le seul animal capable de s'arracher à la condition animale grâce à sa créativité. L'invention du moindre objet technique lui donne un sentiment de force et de liberté. Et quand il met en mots l'idée qu'il se fait de sa place dans l'univers, il crée un monde de récits auxquels il croit et se soumet.

Quand l'écriture fut inventée, il y a trente mille ans, dans une contrée qu'on appellerait aujourd'hui Irak, l'homme se donnait la preuve qu'en imprégnant des signes dans un morceau d'argile, il pouvait désigner des choses et des événements absents. En agissant sur la matière, l'écrivain sumérien mettait dans le monde réel des informations virtuelles qui existaient au-delà du monde perçu : la technique devenait sœur de la magie ! On peut agir sur le réel grâce aux mots parlés et écrits. Il suffit d'articuler : « Par Astaroth, Astarath et Belzébuth » pour que les entités babyloniennes et hébreuses agissent sur l'âme des hommes, leur fassent soudain comprendre les formules mathématiques et découvrir des trésors. Il suffit d'écrire des signes sur une boule d'argile, sur un parchemin de papier ou un écran pour découvrir et maîtriser un monde de l'au-delà. « Les formules magiques sont [...] l'outil agissant au-delà des distances spatiales et temporelles[6]. » Il suffit de prononcer : « Soleil, lève-toi » ou « Sésame, ouvre-toi » pour constater qu'en effet, le soleil se lève et que peut-être la roche va s'ouvrir. L'homme n'a plus besoin de chercher à comprendre comment la disposition des étoiles agit sur son psychisme. Il suffit qu'on lui dise qu'il est né sous le signe du Lion ou du Capricorne pour qu'il l'admette comme une croyance. Il peut désormais affirmer que les Lions sont généreux et arrogants et que les Capricornes sont des signes de terre attachés au concret, puisque c'est écrit.

Pour se laisser fasciner par un récit, il faut que l'exposé trouve un écho en nous, qu'il donne une forme verbale à ce qui nous préoccupe, nous parle de notre filiation, de notre destin sur terre et de notre vie après la mort. Les annales religieuses nourrissent ce besoin fondamental.

---

6. Gehlen A., *Anthropologie et psychologie sociale*, Paris, PUF, 1990, p. 111.

CHAPITRE 29

LES MIGRATIONS DE DIEU

La migration constitue une situation quasi expérimentale où l'on peut repérer, évaluer et réfuter la manière dont une religion solidarise un groupe en difficulté, protège les individus qui le composent et les met en danger de conflit avec les croyances des groupes voisins. Tout être vivant est contraint de traiter quelques informations extraites du réel s'il ne veut pas mourir de faim, de froid ou de solitude. Mais l'être humain est contraint de vivre en même temps dans un monde de représentations puisque son cerveau lui donne l'aptitude de donner aux objets une signification symbolique et d'utiliser les récits pour solidariser le groupe. Et c'est là que tout se complique.

Depuis les paléovoyages de la famille Sapiens, les mouvements de population ne cessent de faire bouillonner les cultures. Après chaque catastrophe naturelle, lors de chaque guerre, une partie de la population doit quitter son pays d'origine en emportant ses outils et ses récits pour se réfugier dans une contrée voisine. Les accueillants veulent bien profiter des bras des arrivants, mais ils ne parviennent pas à croire en leurs croyances. Ce processus, qui existait déjà à l'époque où il y avait peu d'hommes sur terre, devient épineux maintenant que nous sommes presque 8 milliards et que la technologie a métamorphosé les transports et l'urbanisme. Les migrants demeurent en périphérie des villes et pénètrent difficilement en leur cœur pour s'intégrer à la culture hôte. Cette contrainte urbanistique organise la cohabitation de deux groupes séparés mais entrave l'intégration et l'assimilation[1].

La population arrivante se regroupe comme un clan puisqu'elle est difficilement accueillie. On y repère sans difficulté quelques marqueurs de mal-être, tels que la consommation de médicaments, les consultations psychiatriques (dépressions, suicides), les conduites antisociales comme la délinquance et surtout la non-socialisation comme le chômage, le logement en foyers, la violence familiale et le manque de soutien aux enfants qui désinvestissent l'école. Ces indicateurs de mal-être varient d'un groupe à l'autre et selon les circonstances sociales. Le repli clanique, favorisé par la périphérisation de l'urbanisme, peut être combattu par une culture d'accueil afin qu'il ne soit pas récupéré par des gourous, prophètes de malheur. Quand le pays hôte est inquiété par ce côtoiement sans échanges, il réagit lui aussi en se recroquevillant et en se méfiant des voisins qui viennent d'arriver.

Quand la migration est choisie, ce phénomène n'a pas grande importance puisque le nouvel arrivant, après

---

1. *World Urbanization to Hit Historic High by Year's End*, New York, Nations unies, 2008 (https://www.un.org/press/en/2008/pop961.doc.htm).

avoir ressenti l'inévitable stress d'acculturation, sera vite apaisé par la familiarisation de ses copains d'université ou de ses collègues de travail. Mais quand la migration est forcée, que le nouvel arrivant est malheureux de quitter son pays d'origine, pillé et escroqué pendant son voyage, périphérisé dès son arrivée dans un quartier surpeuplé, tous les indicateurs du mal-être augmentent.

Dans ce groupe en difficulté, ceux qui entrent le plus facilement dans la culture d'accueil sont ceux qui parlent au moins deux langues. Ils ont été entourés dans leur enfance, se sentent soutenus par leurs parents et accueillis par les nouveaux amis. Ils deviennent ainsi biculturels avec bonheur[2].

Les politiques d'accueil jouent un rôle important dans l'aiguillage du destin des migrants. La pire solution est celle des camps où, en quelques jours, les processus archaïques de socialisation réapparaissent. La loi du plus fort répand la violence dans le groupe. Cette politique de catastrophe n'est pas toujours évitable, comme on le voit au Liban où 1,5 million de Syriens sont installés dans des camps de toiles blanches, aux larges avenues, avec commerces et maternité. Les camps palestiniens sont supportables en Jordanie, mais dans les autres pays arabes, et surtout en territoires palestiniens, ils ressemblent à des bidonvilles, comme ceux de Calais en France. Quand les Palestiniens, chassés par l'occupation ottomane, puis égyptienne, sont arrivés au Chili, ils sont rapidement devenus chiliens. Quand ils émigrent

---

2. Berry J. W., « Acculturation : Living successfully in two cultures », *International Journal of Intercultural Relations*, 2005, 29 (6), p. 697-712.

aujourd'hui en Suède, aux États-Unis ou en France, il n'y a pas de camps pour eux, ils s'intègrent dès la première génération. Alors que, lorsqu'ils sont mis dans des camps, ils restent immigrés à la troisième génération.

La religion apporte aux migrants un important facteur de protection, de dignité et d'estime de soi, mais ces groupes solidarisés par un seul Dieu offrent un vivier de proies pour les prédicateurs idéologiques. Dans un contexte de déculturation, un enfant seul ne peut pas s'intégrer, sauf s'il a la chance de rencontrer une famille ou une institution où il pourra être sécurisé, aller à l'école, apprendre sa nouvelle culture et supporter la perte de sa famille d'origine[3].

Lorsqu'il est entouré par une famille en difficulté, donc insécurisante, on voit se creuser un fossé d'acculturation. Les enfants apprennent la langue de la culture d'accueil plus vite que leurs parents, ce qui peut provoquer une honte des origines. Une maman polonaise apprenant lentement le français avait emmené ses enfants dans une restauration rapide. Elle avait commandé le repas au serveur tout en désignant son fils : « Croque-monsieur. » Puis elle avait désigné sa fille en disant : « Croque-madame. » Enfin elle avait pointé l'index vers elle-même et dit : « Croque-moi. » Les enfants cachaient leur honte en pouffant de rire. Ces parents-là sont parfois humiliés par la réussite de leurs enfants qu'ils ressentent comme une condescendance

---

3. Davidson G. R., Murray K. E., Schweitzer R., « Review of refugee mental health and wellbeing : Australian perspectives », *Australian Psychologist*, 2008, 43 (3), p. 160-174.

ou une trahison : « Tu nous méprises après tous les sacrifices qu'on a faits pour toi. » Dans les familles où la religion a évité cette déchirure, il n'y a pas de fossé d'acculturation[4]. Ce qui harmonise les liens entre les générations, c'est le partage d'une représentation divine qui caractérise le groupe. Dans une population chrétienne américaine, l'idée de Dieu n'a pas les mêmes caractéristiques selon les croyants : 31 % affirment que le Dieu des Chrétiens est autoritaire, 28 % soutiennent qu'il est pure bonté et 23 % le trouvent distant[5]. Le groupe est uni par la croyance en un même Dieu qui n'a pas le même caractère pour tous les fidèles.

Dans un groupe de croyants musulmans, la représentation d'Allah est plus unifiée, puisque 95 % d'entre eux affirment que toute désobéissance sera sévèrement punie. Les Hindous sont 80 % à penser ainsi. Quant aux Catholiques péruviens, 80 % le trouvent sévère, alors que les Catholiques asiatiques ne sont que 60 % à le ressentir ainsi. Les Juifs croyants n'imposent pas leur vision aux Juifs laïques ou aux autres religions. Ils commencent toute cérémonie à la synagogue par une prière pour remercier la France qui, depuis le Concordat, leur a donné le statut de citoyens. La comparaison de ces enquêtes mène à penser que l'islam est la religion la plus uniformisante et que même les dogmes les plus rigides évoluent en s'adaptant au contexte culturel[6].

---

4. Elder J. P., Broyles S. L., Brennan J. J., Zuniga de Nuncio M. L., Nader P. R., « Acculturation, parent-child acculturation differential, and chronic disease risk factors in a Mexican-American population », *Journal of Immigrant Health*, 2005, 7 (1), p. 1-9.
5. Johnson D., *God Is Watching You, op. cit.*, p. 61-65.
6. *Ibid.*

Quand le développement des enfants ne s'accorde pas avec la croyance des parents, les jeunes éprouvent la religion comme une contrainte, mais quand les croyances concordent, la religion prend un effet sécurisant qui améliore l'attachement entre les générations.

Lorsque la structure familiale est maintenue par un monde de représentations partagées, qu'il s'agisse de religion ou de projet d'existence, les enfants auront une santé mentale comparable à celle des enfants de la culture accueillante. Mais lorsque les enfants sont des errants culturels, parce qu'ils ont été abandonnés ou parce que leur rapide intégration a été dissociée de celle plus lente de leurs parents, le tissu familial déchiré fera apparaître des troubles psychiques, chez les parents malheureux autant que chez les enfants largués[7]. Le contexte culturel joue un rôle majeur en orientant la religion vers un effet protecteur ou vers un effet séparateur, vers une déclaration d'amour ou vers l'amorce d'un conflit. Des contrées entières vivent aujourd'hui sous une menace constante de destruction par leurs voisins. La Turquie, les Indes, la Corée du Sud et le Proche-Orient donnent à leurs religions un aspect défensif, une réaction de guerre pour s'opposer à la guerre. Ces religions différentes se rigidifient pour augmenter leur effet de protection, au point de valoriser les chefs de guerre et les candidats dictateurs.

À l'inverse, dans d'autres pays en sécurité, comme l'Islande et la Nouvelle-Zélande, des liens religieux

---

7. Gonzalez Castro F., Murray K. E., « Cultural adaptation and resilience : Controversies, issues, and emerging models », *in* J. W. Reich, A. J. Zautra, J. S. Hall, *Handbook of Adult Resilience*, New York, The Guilford Press, 2010, p. 382.

rigides feraient l'effet d'une contrainte insupportable. Dans cet autre contexte, une religiosité décontractée donne un aspect souriant aux religions qui habitent dans ces pays. Les fiers Maoris ne sont désormais guerriers que sur les terrains de rugby alors que, dans la vie quotidienne, ils côtoient sans crainte d'autres groupes humains qui aiment Dieu différemment[8].

Le bonheur d'être biculturel se construit chaque jour et s'imprègne dans les habitudes relationnelles. Quand ce travail se fait mal entre deux cultures non associées, il s'ensuit un conflit de moralité. Un jeune qui cherche à s'intégrer dans une culture d'accueil dont les valeurs sont opposées à celles de sa culture d'origine dit : « Je suis assis entre deux chaises » pour expliquer sa confusion d'identité, ou : « Je veux devenir une femme occidentale, mais ma mère et mes sœurs considèrent que c'est immoral. » Quand les parents pactisent avec les deux cultures, les enfants s'intègrent facilement et ce processus mène, en quelques générations, à une assimilation sans violence : « J'ai un grand-père juif, mais je suis chrétien », alors que l'assimilation imposée dès la première génération est ressentie comme une violence contre les origines. Quand les enfants entendent la culture d'accueil critiquer la religion de leurs parents, ils ressentent, malgré leur désir de s'intégrer, une pointe d'amertume envers la culture hôte. Mais quand la culture d'accueil s'intéresse à la culture de leurs parents, ils éprouvent le plaisir et la fierté d'être biculturels. Ce qui est nouveau, c'est

---

[8]. Norenzayan A., *Big Gods. How Religion Transformed Cooperation and Conflict*, Princeton, Princeton University Press, 2015, p. 141.

que dans la troisième génération, parfaitement intégrée, les petits-enfants d'immigrés partent à la recherche de leurs origines. Il n'est pas rare qu'un descendant de républicains espagnols chassés par la guerre civile de 1936 déclare qu'il veut retourner chez lui en Espagne, à la surprise de ses parents qui se sentent totalement français. Ce petit-enfant n'est pas chassé de la France, mais en retournant dans le pays de ses ancêtres, il a l'impression de vivre une aventure identitaire exaltante.

Beaucoup de Sud-Américains rêvent de revenir en Espagne, la « mère patrie » que leurs ancêtres ont combattue lors des guerres d'indépendance au XIXe siècle. De nombreux Nord-Américains partent à la recherche de leurs racines allemandes ou irlandaises, en éprouvant l'étonnant plaisir que donne la généalogie. Il ne s'agit donc pas d'une émigration forcée, mais plutôt d'une émigration rêvée, nécessaire pour s'épanouir et fortifier l'identité.

Ce phénomène est frappant dans les milieux juifs où, pendant tout le Moyen Âge, la solidarité de ce peuple éparpillé était renforcée par les persécutions. Les Juifs qui voyageaient beaucoup paniquaient quand ils arrivaient dans une ville où il n'y avait pas de cousins pour les accueillir. Quand les pogroms ont flambé à partir du XVIIe siècle, l'émigration de ce peuple multiculturel mais uni par un seul Dieu a été à la fois forcée et acceptée avec bonheur : « La Pologne représente le malheur, l'Europe est une terre de savoir et la Palestine incarne le passé et l'espérance[9]. » L'espace juif était alors

---

9. Barnavi E. (dir.), *Histoire universelle des Juifs. De la genèse à la fin du XXe siècle*, Paris, Hachette, 1992, p. 8.

plus métaphorique que physique, mais les persécutions européennes et arabes l'ont contraint à l'exil. C'est l'espérance qui a gouverné ce peuple. Est-ce la raison pour laquelle les petits-enfants d'aujourd'hui redécouvrent avec bonheur le judaïsme de leurs grands-parents, et l'enseignent à leurs propres parents qui croyaient l'avoir oublié ? Vers l'âge de 10 ans, ils demandent au rabbin de leur expliquer la foi et de leur apprendre les rituels. Puis ils rentrent chez eux et montrent à leurs parents, étonnés et ravis, comment il faut faire pour redevenir juif.

Un phénomène analogue se développe aux États-Unis où se créent des associations de Noirs, alors que leurs parents ont milité pour que l'on cesse cette discrimination sur la couleur de la peau. Ces jeunes Noirs se sentent moins noirs dans une communauté de Noirs où ils sont peu soucieux de la couleur de leur peau qui est comme tout le monde, normale. Alors que les Noirs dans un milieu de Blancs se sentent plus noirs, quand ils reçoivent le mépris, la condescendance et parfois l'agression. Ils établissent même un barème de la couleur de peau : moins elle est noire, moins ils se sentent agressés. C'est pourquoi un assassinat raciste est à la fois un crime contre l'humanité et une occasion de regrouper les persécutés en une légitime défense pour manifester leur fierté d'être noir[10].

---

10. Phinney J. S., « A three-stage model of ethnic identity development in adolescence », *in* M. E. Bernal, G. P. Knight (dir.), *Ethnic Identity : Formation and Transmission among Hispanics and Other Minorities*, Albany, State University of New York Press, 1993, p. 61-79.

CHAPITRE 30

DILUTION DE DIEU EN OCCIDENT

Il y aurait donc un flux et un reflux, une sorte de respiration où les enfants oscillent entre le cadre sécurisant qui devient vite un cadre étouffant. Écrasés par les contraintes religieuses, ils sont fiers de leur échapper, mais à la génération suivante leurs propres enfants, flottant sans cadre religieux, sont heureux de les redécouvrir. Quand les parents sont ouverts, « pan-ethniques[1] », acceptant toutes les cultures et toutes les religions, leurs enfants ont besoin de retrouver le bonheur des certitudes en découvrant l'effet identifiant d'une seule religion.

L'effacement du besoin religieux a été net en Occident à partir des années 1960. Même dans les pays où la foi organisait la société, comme au Canada, en Italie et en Espagne, le souci de Dieu s'est dilué. Un grand nombre de jeunes ont éprouvé ce relâchement

---

1. Chung R. H., Kim B. S., Abreu J. M., « Asian American multidimensional acculturation scale : Development, factor analysis, reliability, and validity », *Cultural Diversity and Ethnic Minority Psychology*, 2004, 10 (1), p. 66-80.

comme une libération, une paix retrouvée après tant de contraintes religieuses. Mais à la génération suivante, les adolescents se sont sentis largués quand leurs parents, désirant être démocratiques, leur ont donné la liberté de choisir leur foi. Les largués des quartiers déstructurés par l'abandon culturel ont été la proie des gourous. Tandis que les flottants des quartiers nantis, privés de l'engagement souhaité à l'adolescence, sont partis à la recherche d'une aventure religieuse : « Je suis musulman, disent-ils après une rapide conversion ; il ne me reste maintenant qu'à apprendre ce que c'est qu'être musulman. » Ces personnalités incertaines sont issues de familles où elles ont été aimées et bien élevées mais, privées d'épreuves qui les auraient aidées à s'identifier, elles s'engagent dans une religion, comme on tente une aventure exaltante[2].

En février 1994, Baruch Goldstein, un médecin militaire israélien, entre dans le caveau des Patriarches à Hébron, massacre 29 Musulmans en prière et en blesse 125. Il est né à Brooklyn dans une famille juive orthodoxe qui est venue s'installer en territoire palestinien dit « contesté ». L'histoire de la région est lourde de crimes religieux. Cette agglomération est une des plus anciennes du monde. Les Arabes sont venus s'y installer à partir du VIIIe siècle, mais chaque monothéisme considère que le tombeau des Patriarches est un lieu sacré de sa propre religion. Il a donc fallu faire un planning des prières. En 1929, à l'époque où il n'y

---

2. Carranza M. E., « Building resilience and resistance against racism and discrimination among Salvadorian female youth in Canada », *Child and Family Social Work*, 2007, 12 (4), p. 390-398.

avait que des Juifs palestiniens et des Musulmans palestiniens, un énorme pogrom avait tué 69 Juifs et forcé les habitants à se barricader. Aujourd'hui, 900 Juifs y vivent, entourés par 200 000 Musulmans. Au cours de chaque prière juive, des manifestants crient : « On va égorger tous les Juifs. » C'est dans un tel climat de haine que Baruch Goldstein est entré dans le temple et a mitraillé des Musulmans inoffensifs. Quand il a dû remettre un chargeur, les soldats israéliens l'ont blessé, les survivants l'ont attaqué et battu à mort. Ce crime a provoqué une indignation internationale. L'ONU et le gouvernement israélien ont condamné le massacre.

Un mois plus tard quelques sondages ont évalué deux réactions opposées en Israël[3]. Les Juifs qui conçoivent la religion comme une spiritualité (80 %) ont jugé qu'un Musulman en prière n'est pas différent d'un Juif en prière. Pour eux, Goldstein est un assassin. À l'opposé, les Juifs regroupés dans un milieu extrémiste (6 %) dirigé par le rabbin Kahane ont considéré que Goldstein était un héros[4]. Ceux pour qui la spiritualité fonde l'élan vers Dieu ont été indignés par l'assassinat de Musulmans en prière, alors que ceux qui pensent que seule compte la victoire de leur Dieu ont été réjouis parce qu'ils se sentaient en légitime défense. En fait, Goldstein a réalisé une part du programme de ses ennemis, car le Hamas, lui aussi, refusait les accords de paix

---

3. Helm S., « Hebron killer praised as a hero by young Israelis : Teachers are shocked at the level of support of anti-Arab violence », *Independent*, 4 mars 1994.
4. Norenzayan A., *Big Gods, op. cit.*, p. 164. Ces chiffres ont certainement « embelli » la réaction vertueuse des Israéliens. D'autres enquêtes ont atténué ces pourcentages.

signés à Oslo en 1993 et augmentait les attentats afin d'empêcher leur réalisation. La complicité des extrêmes est habituelle, comme en Europe dans les années 1930 quand les nazis préparaient la guerre en promettant mille ans de bonheur, tandis que les instituteurs français la préparaient, eux aussi, en enseignant aux enfants la haine des Boches qui nous avaient volé l'Alsace et la Lorraine.

CHAPITRE 31

DÉNOUEMENT

Depuis quelques années, de nombreux chercheurs sont en chantier pour comprendre l'effet psychologique de la croyance en un dieu. Ils ne sont ni historiens ni prêtres, certains sont croyants, d'autres ne le sont pas, mais ils veulent découvrir l'influence d'une croyance sur un psychisme. Comment a-t-on accès à une représentation impossible à percevoir qui pourtant gouverne notre existence ? Comment ce monde invisible se met-il en place au cours du développement neurologique, affectif et narratif dans un contexte culturel donné ? Quels sont les bénéfices mentaux et sociaux d'un tel processus, et pourquoi dérivent-ils souvent vers des maléfices ?

Quand nous avons organisé les premiers groupes de recherche sur la résilience[1], certains ont dit : « La religion est un précieux facteur de résilience[2]. » Ils

---

1. Cyrulnik B., Alaméda A., Colin J., Congrès international sur la résilience, Toulon-Ollioules, Châteauvallon, 1994 ; et Cyrulnik B. (dir.), *Ces enfants qui tiennent le coup*, Révigny-sur-Ornain, Éditions Hommes et Perspectives, 1998.
2. Notamment Michel Manciaux, Stephan Vanistendael (directeur du BICE : Bureau international du catholicisme – Genève) et Jacques Lecomte.

l'affirmaient, mais ne savaient ni le démontrer ni le réfuter, comme il se doit dans toute démarche scientifique. Aujourd'hui les travaux en neuro-imagerie, en psychologie et en psychosociologie éclairent ce débat dont les résultats sont présentés dans ce livre.

Trois idées ont orienté nos réflexions :
1. La religion est un phénomène mental qui caractérise la condition humaine, universellement, quelle que soit la culture. Mais chaque culture donne à cette tendance une forme différente.
2. La religion a un effet organisateur du groupe. Elle agit sur les individus qui composent la communauté et tutorise leurs développements neurologique, affectif et psychologique. La théorie de l'esprit permet d'observer et d'expérimenter comment s'établissent les transactions entre le développement du cerveau qui donne l'aptitude à se représenter l'invisible et les récits d'alentour élaborés au cours de l'histoire du groupe.
3. L'effet socialisateur des âmes et des scénarios rituels, la hiérarchie des valeurs qui crée un sentiment de soi moral et estimable, la merveille des œuvres d'art religieuses et de l'élan transcendantal sont mis en lumière par les religions. Mais il existe aussi des mondes mentaux sans dieu. Les agnostiques et les athées en parlent peu puisqu'ils ne s'en préoccupent pas, alors que les croyants organisent leur vie quotidienne autour de l'élation qui les amène à Dieu.

La principale différence entre les sans-dieu et les théistes se trouve dans le sentiment de sacré que certains ressentent comme une évidence, alors que d'autres n'en éprouvent pas le besoin. Cette différence sentimentale organise leur représentation du temps. Les sacrés ressentent un temps dilaté : ils pensent que ce qui leur permettra de vivre après leur mort vient de ce qui leur a permis de survivre en l'attendant : « Il suffit de respecter ce qui est dit et ce qui est écrit. » Les énoncés divins sont sacrés puisqu'ils donnent la vie avant la mort et la vie après la mort. C'est un pouvoir divin qu'un homme de tous les jours, un profane, ne peut toucher sans le souiller, c'est presque un tabou.

Les sans-dieu vivent dans une théorie de l'esprit plus proche, plus immédiate. Ils pensent : « Aujourd'hui, le monde a changé. Si nous voulons survivre, nous devons adapter nos comportements et nos valeurs à ce nouvel environnement. Ce n'est pas le passé qui nous gouverne, c'est l'évolution qui nous protège et nous permet de vivre. »

Les bénéfices de la religion sont incontestables. Un enfant ne peut se développer qu'au contact du corps de celle qui le sécurise et lui apprend à vivre en prenant soin de lui. Quand une telle proximité sensorielle imprègne dans sa mémoire biologique une trace non consciente[3], l'enfant acquiert une confiance en lui qui lui donne le plaisir d'explorer et d'apprendre le monde des choses et des gens. Au cours de sa troisième année, quand l'enfant a appris à parler, il continue à développer ce processus de sécurisation-exploration. Mais, à ce niveau de son développement, ce n'est pas seulement le corps de sa figure d'attachement qui lui sert de base de

---
3. Delage M., Lejeune A., *La Mémoire sans souvenirs*, Paris, Odile Jacob, 2017.

sécurité, c'est aussi ce qu'elle dit. C'est à partir de ce que racontent ses parents que l'enfant apprend à voir le monde. Sa représentation du réel dépend désormais de l'éclairage verbal énoncé par ses figures d'attachement. Le fait de partager les mêmes récits et de croire au même monde invisible crée un sentiment de familiarité, une appartenance sécurisante et fortifiante[4]. Les rituels domestiques et religieux constituent des exercices de mémoire où l'on apprend à vivre avec ceux qu'on aime. Ils organisent des sortes d'entraînements à la transcendance où les chants, les prières, les objets de culte, les comportements synchronisés, beaux et étranges, impulsent l'élévation de l'âme.

Les enfants abandonnés ou isolés affectivement se développent dans une niche sensorielle appauvrie. Ils apprennent à éviter tout contact et à s'autocentrer puisqu'ils ne disposent pas d'une altérité sécurisante[5]. Cette situation les prive de l'accès aux récits des autres. Leurs impulsions agressives contre eux-mêmes ou contre les autres, leur retard de langage, l'impossibilité de partager des représentations communes expliquent leurs difficultés de socialisation.

Les tuteurs de développement affectifs et verbaux sont nécessaires pour tout enfant. Dans une famille non croyante, les tuteurs sont proximaux, ils désignent un univers accessible à tout être vivant. Alors que dans une famille croyante, ils désignent tous les jours, au cours

---

4. Saroglou V., « Comprendre la religion et l'irréligion », *in* V. Saroglou (dir.), *Psychologie de la religion, op. cit.*, p. 302-325.
5. Guedeney N., Guedeney A., *L'Attachement. Concepts et applications*, Paris, Masson, 2002.

des rituels et des conversations, un univers métaphysique où règne une force toute-puissante et omnisciente, que certains appellent « Dieu » ou « Allah » ou « Jéhovah » ou...

Pour un croyant, rien n'est plus expliqué que le Mystère. Quand on ne supporte pas la représentation de rien, on doit mettre un récit à la place du néant, afin d'éviter le vertige anxieux du vide. Au Moyen Âge, on expliquait la chute des corps en disant qu'ils possédaient une vertu tombante. Avec l'organisation de la méthode scientifique, on a découvert qu'ils tombaient selon les lois de l'attraction terrestre que l'on calculait en écrivant : « $1/2\ GT^2$. » Mais cette description mathématique ne disait pas quel sens avait leur chute. Elle décrivait comment les corps tombent, mais ne disait pas pourquoi. Ceux qui ne supportent pas de ne pas expliquer profitent de leur propre aptitude à la théorie de l'esprit pour attribuer une intention à une force invisible. Ils disent : « Ce corps tombe, parce que Dieu l'a voulu. » Pour eux, les lois naturelles sont soumises à un grand dessein auquel rien ne peut échapper. En attribuant une intention à cette force surnaturelle, ils disent : « Dieu sera courroucé si nous ne respectons pas sa loi. » Ils engagent les croyants et les non-croyants à se soumettre à une instance punissante, ils considèrent qu'un non-engagement sous la loi de Dieu est une mécréance et parfois un blasphème qui mérite châtiment. Les explications métaphysiques donnent une sensation d'élévation au-dessus des hommes, au « plus près de toi, mon Dieu ». La grandeur métaphysique survole le riquiqui du réel.

On pourrait presque faire une description du cheminement vers Dieu selon la théorie de l'esprit.
- « C'est comme ça » pourrait être la première étape. Les animaux perçoivent des fragments de réel qu'ils agencent pour en faire une vision d'un monde proche. Un tigre, dans un zoo, cherche à mordre le fouet qui claque près de lui, mais il attaque rarement la main qui tient le fouet. Son cerveau ne peut pas aller chercher au loin la cause d'un bruit qui siffle à son oreille. Un bébé humain âgé de quelques mois s'étonne de voir disparaître le visage de son papa qui se cache derrière une serviette. Soudain, il se réjouit quand il le voit réapparaître en disant : « Coucou. »
- Dans un monde d'enfant qui parle, le réel devient magique. Une feuille qui tombe en voletant n'est plus tout à fait une chose-feuille dès que maman dit : « Elle tombe en voletant comme un petit oiseau. » Quand papa raconte une histoire, le soir au coucher, l'enfant habite le récit qu'il entend et ressent moins la solitude au fond de son lit.
- Quand, dès les petites années, il lui suffit d'appuyer sur un bouton pour faire apparaître un monde d'images colorées et bruyantes, c'est, pour l'enfant, un équivalent technique de « Sésame, ouvre-toi ». Le geste agit sur la matière et fait surgir un autre monde. La technologie pour un enfant fournit la preuve que la magie est réelle.
- Quand l'enfant pointe du doigt pour désigner un objet, il pilote l'esprit de sa mère, il gouverne son âme pour l'orienter vers une chose à partager. Il est encore près d'elle dans un monde qui s'éloigne.

• Quand, vers l'âge de 6-8 ans, le développement de son cerveau rend possible la représentation du temps, en connectant les neurones préfrontaux de l'anticipation avec ceux du circuit limbique de la mémoire, l'enfant devient capable d'enchaîner les faits dans un récit durable. C'est alors que ses parents donnent sens aux rituels religieux qu'il effectuait auparavant sans vraiment les intégrer dans une durée. Ses figures d'attachement lui offrent, à ce moment-là, l'explication d'un ailleurs invisible, surnaturel et puissant, avec lequel il pourra communiquer et qu'il pourra contrôler en obéissant à ses lois, en faisant des offrandes ou, en cas de petites bêtises « transgressives », en acceptant les punitions rédemptrices.
• Quand ce cheminement est possible, il crée un sentiment d'estime de soi (« je grandis »), de socialisation (« j'apprends à vivre parmi ceux que j'aime ») et d'élévation de l'âme (« je suis au-dessus d'ici-bas »).

Les sans-dieu effectuent le même cheminement : « Je suis fier de vivre dans la société qui a fait la Révolution... Je vais participer aux progrès en luttant contre les injustices sociales... en faisant disparaître les maladies. » Les non-religieux n'échappent pas à cette capacité à vivre dans un monde abstrait, représenté ici-bas par des objets, des œuvres d'art et des récits.

Que l'on soit croyant métaphysique, croyant profane ou croyant scientifique, notre aptitude à la théorie de l'esprit nous fait ressentir un monde absent, clairement perçu sous forme d'objet, de prophète, de professeur, de prêtre ou d'écrits fondateurs. Cette vision nous apporte tant de bénéfices que nous sommes irrités par ceux qui ne la partagent pas. Ils nous trahissent, ils nous agressent en donnant une autre vision du monde. Alors, pour nous protéger, nous cherchons à leur imposer la seule vraie vision du monde : la nôtre !

Plus une société facilite les développements personnels, plus les mondes mentaux sont différents et difficiles à harmoniser. Le totalitarisme qui impose une seule vérité fabrique un monde stable où règne l'ordre... qui est celui des cimetières. Une seule vision, simple et obligatoire, empêche les mille potentiels d'évolutions différentes.

La religion calme la peur de vivre. Les dieux deviennent thérapeutes lors des situations d'alerte, quand on se sent en danger, quand on a perdu un être cher, quand on est blessé par l'existence ou quand un développement fragilisant nous fait ressentir le moindre événement comme un traumatisme. Dans tous ces cas la religion prend un effet de protection et devient facteur de résilience quand, après le malheur, le blessé cherche à reprendre vie. En ce sens, la religiosité est un précieux facteur de santé mentale[6].

Quand une personne se développe bien, dans une famille sécurisante, dans une société en paix et dans une culture qui facilite les rencontres, le besoin de religion s'impose moins. Ceux qui vivent sans dieu dans les pays d'Europe du Nord sont en bonne santé mentale, mais leur théorie de l'esprit n'est pas « ambitieuse » : elle n'a pas besoin de récits métaphysiques, elle accepte

---

6. Park C. L., « Religiousness/spirituality and health : A meaning systems perspective », *Journal of Behavioral Medicine*, 2007, 30 (4), p. 319-328.

de ne pas tout expliquer, sans pour autant leur faire éprouver l'angoisse du mystère d'être en vie. Quelques explications accessibles suffisent à ces théoriciens pour les rendre heureux dans l'instant qui passe.

La différence tient probablement dans une posture épistémique qui consiste à recueillir les informations qui donnent accès à une connaissance du corps, de l'esprit et de l'art de vivre ensemble. Pour la majorité, cette posture est un artisanat acquis dans la famille où ils ont appris à vivre avec Dieu. D'autres sont tentés par une épistémologie ambitieuse et fondamentale : « Pourquoi est-on sur terre ?... Qui en est la cause ? » Parfois, ils rencontrent Dieu lors d'une Révélation, une soudaine compréhension proche du coup de foudre amoureux ou d'une expérience près de la mort.

Ces postures épistémiques entraînent des stratégies relationnelles différentes. Les sans-dieu acceptent volontiers l'incertitude, ils sont plus autonomes, moins conformistes, aiment la réflexion incitée par le doute, n'emploient jamais le mot « tolérance » puisqu'ils n'ont pas à tolérer la présence d'un autre qui vit simplement avec eux.

Les croyants, eux, cherchent davantage les certitudes, craignent le doute qui met en cause leur foi, s'efforcent de tolérer l'altérité afin d'éviter la guerre et cherchent à se donner une image d'eux-mêmes faite de bonté et de grandeur d'âme. Ils attachent beaucoup d'importance à la socialisation par le conformisme : être comme il faut, se tenir comme il faut et dire ce qu'il faut. La récitation devient pour eux un outil de socialisation, comme lors de l'Inquisition chrétienne où il fallait non seulement se convertir, mais aussi donner des preuves de sa bonne foi. Lors des décennies dominées par la religion profane communiste, chaque camarade devait remettre tous les six mois son « autobiographie » où il racontait par le détail ce qu'il avait fait et pensé de façon que les commissaires du peuple jugent s'il était une personne conforme à l'idéal prolétaire[7].

Quand un groupe se clôture, le conformisme s'installe. Chacun imite l'autre ou se prépare à le copier du simple fait de l'existence des neurones miroirs qui impulsent le « désir mimétique[8] ». Il est difficile de ne pas s'habiller comme l'autre, de ne pas apprendre sa langue, de ne pas acquérir son accent et de ne pas réciter les opinions du groupe. Cette agréable lumière orientée vers ceux qui nous ressemblent met à l'ombre ceux qui ne pensent pas comme nous. Un être humain ne s'oriente pas directement vers l'objet convoité. Entre lui et l'objet du désir, il y a autrui qui indique ce qui est désirable.

---

7. Serban Ionescu, témoignage personnel sur la vie de ses parents, en Roumanie, à l'époque de Ceausescu, intervention au IIIe Congrès mondial sur la résilience, à Université Québec-Trois Rivières, 2016.
8. Girard R., *Des choses cachées depuis la fondation du monde*, Paris, Grasset, 1978.

CONCLUSION

LA VOIE DE DIEU

Il semble bien que la foi soit un précieux facteur de résilience[1]. La foi est un espoir galvanisant, mais chaque religion donne à cette espérance une forme différente. Après une crise existentielle, la personnalité reprend le cours de son histoire et garde l'amour du Dieu auquel elle croyait avant la crise. Mais après un traumatisme, quand le cerveau a été déconnecté par une émotion violente, quand le psychisme a été en agonie, il faut réorganiser la manière d'être au monde. C'est alors que Dieu peut se modifier. Le blessé peut s'accrocher à lui avec l'espoir des désespérés. Il peut le rencontrer alors qu'il l'ignorait, il peut se sentir abandonné par Lui alors qu'il l'adorait. L'accès à Dieu est une manière universelle de réguler les émotions et de socialiser les âmes. Les objets du culte créent des œuvres d'art qui représentent Celui qui n'est jamais perçu et qui pourtant est toujours là.

---

1. Pargament K. I., Cummings J., « Anchored in faith. Religion as a resilience factor », *in* J. W. Reich, A. J. Zautra, J. S. Hall, *Handbook of Adult Resilience*, *op. cit.*, p. 193-210.

Les rituels religieux organisent des sortes de séances d'entraînement à la croyance, dans des lieux décorés que l'on appelle « mosquée, chapelle, temple, cathédrale » ou autres théâtres de la transcendance. Il résulte de cet artisanat de gestes, de mots et de chants un sentiment d'élévation au-dessus de la vie quotidienne. Les bénéfices sont appréciables : apaisement émotionnel, disparition des angoisses, augmentation de l'estime de soi, tissage de liens, solidarisation du groupe, moralisation, émerveillement d'être.

Il faut pourtant souligner que chez d'autres croyants, les émotions positives, l'euphorie épanouissante, le plaisir d'exister donnent un élan vers l'autre, source de religiosité. Ces personnes-là ne se réfugient pas en Dieu pour lutter contre l'angoisse et le malheur mais, au contraire, elles éprouvent une « oblativité religieuse[2] », un désir d'offrir à Dieu et aux autres humains leur temps, leurs biens, leur travail et parfois leur corps pour éprouver le bonheur de donner du bonheur. Un plaisir partagé est fortement augmenté quand on en fait une « transcendance de soi[3] », alors qu'un plaisir solitaire n'est qu'une émotion fugace.

La joie religieuse est dépourvue d'humour. Celui qui éprouve l'« euphorie d'être » s'oriente en souriant vers l'autre, il ouvre ses bras, dit des mots gentils mais ne rigole pas. L'humour est une transformation de la souffrance qui nous invite à se moquer du mal, en en

---

2. Cappelen P. von, Rimé B., « Émotions positives et transcendance de soi », *in* V. Saroglou (dir.), *Psychologie de la religion, op. cit.*, p. 112-129.
3. *Ibid.*, p. 112.

faisant une représentation déroutante, une surprise, une pirouette. On garde le contact avec l'autre, mais on ne se présente pas comme une victime gémissante. On sauve l'image de soi quand on fait sourire ceux qu'on aime sans les contaminer par notre malheur[4]. La joie religieuse est un partage de bonheur, alors que l'humour est une protection contre le malheur. L'élan vers l'autre est une émotion qui socialise, alors que l'humour met en scène la souffrance en inventant des saynètes, un théâtre de soi qui charme l'esprit de l'autre et tourne le malheur en dérision.

Cet élan est préverbal : un enfant n'a pas besoin de Dieu pour éprouver de la compassion. Une petite expérimentation permet de le prouver. Une cinquantaine d'enfants âgés de 10 mois, sécurisés par la présence maternelle, observent une dame qu'ils ne connaissent pas en train de remonter un nounours mécanique qui bat du tambour. Cet événement extraordinaire les intéresse beaucoup lorsque, selon la consigne expérimentale, la dame fait semblant de remonter le jouet : le nounours ne bat pas du tambour et la dame simule un gros chagrin. Sur les 50 petits observateurs, 48 enfants vinrent la consoler, lui firent une caresse, un bisou, un cadeau alimentaire, et parfois apportèrent le nounours à leur mère afin qu'elle le répare[5] car les mamans savent tout faire. Deux enfants, touchés par le « chagrin »

---

[4]. Anaut M., *L'Humour entre le rire et les larmes. Traumatismes et résilience*, Paris, Odile Jacob, 2014.
[5]. Bischof-Köhler D., « The development of empathy in infants », *in* M. E. Lamb, H. Keller (dir.), *Infant Development : Perspective from German-Speaking Countries*, Hillsdale (NJ), Erlbaum, 1991, p. 245-273.

de la dame, se sont approchés d'elle et l'ont battue ! Ces petits-là vivaient dans un foyer rigide, évitant, où l'expression des émotions n'était pas tolérée. Était-ce la cause de leur réaction ? Cette expérimentation propose une hypothèse explicative : un enfant ne s'oriente pas vers un objet comme une clé dans sa serrure. L'objet « dame-qui-pleure » prend une connotation affective acquise sous le regard de ses parents. Quand ils sont chaleureux, l'enfant apprend à attribuer de la chaleur aux objets qu'il perçoit. Mais quand les parents sont évitants et distants, ils organisent autour du petit une niche affective où il apprend, à son tour, à devenir évitant-distant, il devient punisseur. L'objet « dame-qui-pleure » provoque en lui une émotion d'inhibition qui se lâche en agression et non pas une compassion. Un enfant ne découvre pas le monde comme un objet donné vers lequel il suffit de s'orienter. Sa découverte est pilotée par le regard des figures d'attachement. C'est ce gouvernement affectif qui attribue au monde perçu par l'enfant une connotation d'amour ou de haine.

Au cours des années 1930 en France, chaque jour les instituteurs apprenaient aux élèves à haïr les Boches, ces Allemands qui nous avaient volé l'Alsace et la Lorraine. C'est donc le plus sincèrement du monde qu'à l'âge du service militaire, les jeunes Français détestaient les Allemands et éprouvaient comme un bonheur l'idée de les détruire. Et comme les Allemands avaient organisé leur système éducatif autour de l'idée de race, chacun ressentait la nécessité de détruire l'autre comme une légitime défense. La haine, dans ce contexte éducatif, n'était pas provoquée par le réel, mais par une croyance, une charge affective transmise par les figures d'attachement. Aujourd'hui les Français et les Allemands s'entendent bien, mais l'apprentissage de la haine existe encore dans de nombreux autres pays.

Le processus neuro-affectif où l'attachement parental imprègne une connotation affective au cours de périodes sensibles du développement des enfants s'observe facilement dans les familles où règne une morale excessive[6]. Le sentiment de morale nécessaire pour vivre ensemble est caricaturé par la dérive des sentiments : le plaisir de manger devient « péché de gourmandise », la nécessité de réguler l'émotion sexuelle se transforme en horreur du sexe, et le plaisir de rire ou d'écouter de la musique devient blasphématoire, insulte à Dieu[7].

Toute communauté religieuse close risque de connaître cette dérive puisque, considérant toute autre croyance comme une hérésie, elle évolue vers une pensée totalitaire qui réduit l'identité à une seule croyance. On ne peut pas être à la fois musulman et juif, alors qu'on peut sans difficulté être musulman et footballeur. On peut dire : « Prolétaires de tous les pays, unissez-vous » ou : « Chrétiens de tous les pays, unissez-vous », mais on ne peut pas dire : « Croyants de tous les pays, unissez-vous », quand la croyance qui unit les uns exclut les autres qui ne croient pas comme il faut. Par

---

6. Nucci L., Turiel E., « God's word, religious rules, and their relation to Christian and Jewish children's concepts of morality », *Child Development*, 1993, 64 (5), p. 1475-1491.
7. Jaydane D., *La Faute et le Festin. La diversité culturelle au risque de la culture*, Casablanca, La Croisée des chemins, 2016.

bonheur, la religiosité moderne privilégie la spiritualité[8], qui témoigne du cheminement vers Dieu de toutes les religions et relativise les rituels qui changent selon les cultures.

Le besoin de Dieu caractérise la condition humaine mais fluctue selon les conditions individuelles et sociales. Parfois Dieu est intense, il doit être un Sauveur. Parfois on y pense moins, il devient un gentil organisateur. Il n'est pas rare qu'il s'éteigne puis resurgisse au cours du cheminement de l'existence ou de changements culturels[9].

La hiérarchie religieuse, sacrée ou profane, se fait selon la performance du croyant qui récite les textes de base, intouchables, immuables, où toute évolution provoque un sentiment de blasphème, une agression contre Dieu. L'aptitude à la récitation sacrée donne de telles convictions qu'elle mène souvent les croyants au pouvoir. La soumission et le conformisme organisent la hiérarchie et la rendent efficace. La parole de Dieu est tellement surhumaine qu'il faut, pour la traduire, un interprète appelé « prophète ». C'est lui qui dit ce que Dieu a dit. Il est interdit de le juger et encore plus de le contester. La récitation sacrée est renforcée par des experts humains, prêtres, rabbins, sorciers, lettrés qui se sont entraînés à commenter ces textes. La victoire religieuse est tranquillisante, stable, durable, éternelle même. Elle donne des certitudes, des conduites à tenir,

---

8. Haziza D. I., « Mon Dieu, mon Dieu, pourquoi m'as-tu abandonné ? », *Tenoua*, décembre 2016, 166, p. 15-17.
9. Norenzayan A., *Big Gods, op. cit.*, p. 171.

elle hiérarchise les valeurs, elle dit où est le Bien et où est le Mal. Le monde est clair, enfin : on sait ce qu'il faut faire ! La récitation commune est un merveilleux tranquillisant. Dommage que les tranquillisants aient des effets secondaires ! La croyance sacrée n'est pas contestable puisqu'on vous dit qu'elle est sacrée. Quand elle n'est pas argumentée, sa dérive spontanée l'oriente vers le totalitarisme. Par bonheur, il y a toujours des esprits qui aiment s'opposer ; quel que soit le prix à payer, ils ne peuvent pas s'en empêcher : « Saint Paul. Nous ne lui reprocherons jamais assez d'avoir fait du christianisme une religion inélégante [...] Ses considérations sur la virginité, l'abstinence et le mariage sont tout bonnement écœurantes [...] il a fixé les normes de la stupidité[10]. » Un moment tenté par la terrible religion idéologique du nazisme, Cioran, grâce à son mauvais caractère talentueux, ne pouvait pas ne pas s'opposer. Même les dogmes immuables finissent par évoluer sous l'effet des contraintes sociales et culturelles. Cette évolution se fait à coups d'hérésies légitimant d'atroces et stupides persécutions, mais elle se fait aussi quand les groupes de croyants acceptent d'envisager des croyances différentes.

Les représentations des non-religieux ne sont pas sacrées. On peut, on doit collecter des informations, les évaluer, en débattre, les juger et les faire évoluer sans que cela soit considéré comme une souillure ou un blasphème. L'argumentation et les conflits font évoluer les représentations. Les décisions ne viennent plus de la soumission à des paroles sacrées, mais se fondent sur

---
10. Cioran E. M., *Œuvres, op. cit.*, p. 928.

des histoires d'amour, des récits imaginés, des discours philosophiques, politiques, scientifiques, dans des clubs sportifs ou des entreprises qui donnent sens à la vie ici-bas.

Depuis que l'homme est sur terre, il ne cesse d'inventer des cultures où bouillonne son besoin de spiritualité. La croyance qui se propage le plus sur la Terre aujourd'hui, c'est celle des sans-dieu qui croient que Dieu n'existe pas. Le nombre des athées ne cesse d'augmenter en Asie, en Europe et même aux États-Unis où, il n'y a pas longtemps, on voyait d'un mauvais œil celui qui osait dire qu'il n'avait pas de dieu.

En même temps que cette dilution culturelle de Dieu, le retour du religieux se fait en grand tapage. Quand on est riche, on pense moins à Dieu. Quand la justice s'affirme, on ne fait pas appel à Lui. Quand la société assume la sécurité, on a moins besoin de Sa protection. Mais quand la surpopulation et la technologie provoquent l'anomie, les structures disparaissent et le besoin de Dieu resurgit, intensément.

La nécessité de conditions sociales d'éducation, de richesse, de justice et de sécurité est tellement difficile à obtenir qu'on peut prédire le retour de Dieu. Mais on aime Dieu comme on aime les hommes. Ceux qui ont acquis un attachement rigide se soumettront à un Dieu totalitaire, alors que ceux qui bénéficient d'un attachement sécure se sentiront suffisamment en confiance avec leur Dieu pour tolérer que d'autres en aiment un autre que Lui.

Les jeunes seraient-ils en train d'inventer une nouvelle manière d'aimer Dieu ? Ils ne vont plus vers les textes sacrés pour leur obéir, mais pour méditer et trouver un chemin de vie plus personnel[11]. L'épanouissement de leur personnalité n'accepte plus le carcan religieux, mais s'ouvre aux textes fondateurs qui augmentent la conscience. La joie de se sentir vivant parmi ceux qu'on aime ne tient plus compte des limites qui clôturent une religion et induit la haine de la différence. Une telle spiritualité élargit la fraternité à tous les croyants du monde, invite à la découverte des différences, et se dégage de l'immanence de la consommation insensée.

Que Dieu les entende.

---

[11]. Bidar A., « Le retour de spirituel pour le meilleur et pour le pire », *L'Obs*, 22 septembre 2016, n° 2707, p. 10.

ÉPILOGUE

J'ai commencé cette enquête il y a quelques années après avoir été bouleversé par l'immense blessure intime des enfants-soldats. Quand j'étais praticien, j'avais pourtant entendu des patients m'expliquer à quel point Dieu les aidait, mais ma formation de neurologue et de psychiatre ne m'avait pas permis de les encourager à travailler cette ressource.

Quand nous avons commencé nos réflexions sur la résilience[1], j'entendais avec intérêt quelques collègues chercheurs expliquer que leur croyance en Dieu constituait un précieux facteur de protection après qu'un malheur eut fracassé leur monde intime. À cette même époque, les terroristes assassinaient les innocents au nom de Dieu et d'une morale que je jugeais perverse, car elle était centrée sur un groupe clos, sans Autre et sans partage. Ces hommes veulent imposer leur croyance qui n'est que soumission à une entité dictatoriale qui commande le crime pour prendre le pouvoir.

---

1. Cyrulnik B. (dir.), *Ces enfants qui tiennent le coup, op. cit.*

Assez curieusement, ce sont les théories de l'attachement qui m'ont apporté l'outil le plus efficace et le plus cohérent pour penser ce mystère : comment une instance invisible, permanente et puissante peut-elle agir sur l'âme des êtres humains et modifier le fonctionnement de leur cerveau, de leur esprit, des relations affectives et des organisations sociales ?

Depuis quelques années, les études scientifiques apportent quelques réponses inattendues. Quand le fonctionnement du cerveau est modifié par une représentation divine, les circuits émotionnels marchent différemment et entraînent des changements neurobiologiques. Alors, l'expression des émotions modifie les interactions, tisse différemment les liens d'attachement et hiérarchise un éthos, d'autres valeurs culturelles qui organisent une manière de vivre ensemble, d'affronter le malheur et de réaliser quelques rêves.

J'éprouve pour les enfants-soldats, pour mes patients, pour mes amis praticiens et chercheurs un sentiment de gratitude pour m'avoir lancé dans cette aventure imprévue.

Dieu souffre quand le mal existe. Mais ce que nous venons de découvrir de la psychothérapie de Dieu nous aide à affronter les souffrances de l'existence et à mieux profiter du simple bonheur d'être.

TABLE DES IDÉES

Avant-propos. Dieu psychothérapeute ou l'attachement à Dieu
Ce livre voudrait bien éclairer ce qui, dans l'âme humaine, tisse l'attachement à Dieu 7

1. De l'angoisse à l'extase, divine consolation
L'émotion religieuse 11

2. Biologie de l'âme
Extase chimique et extase sentimentale 21

3. Érotisme de la mort imminente
Quand la beauté est mortifère 29

4. Les âmes troublées, une neurologie
La stimulation cérébrale crée des affects transcendants et la transcendance modifie la stimulation cérébrale 37

5. L'enfant accède à Dieu parce qu'il parle et parce qu'il aime ceux qui lui parlent
La parole a une fonction affective qui tisse le lien entre ceux qui parlent de Dieu 45

6. Le deuil et l'activation d'attachement
Le risque de perdre avive le besoin d'aimer 53

7. Le besoin de Dieu et la perte
Les objets, les rites et les mots comblent le vide et empêchent le désespoir 59

8. La théorie de l'esprit : lire dans l'âme des autres
*Lire dans l'âme des autres est une aptitude
qui se construit dans la relation* 69

**9. Comment serait le monde
si on n'avait pas de mot pour le voir**
*Les mots éclairent une partie du monde
et agissent sur le corps* 79

10. Quand le monde change de goût
*Un récit religieux transforme l'amertume en amour
ou en haine* 87

11. Foi, image parentale et sécurité
Sous le regard de Dieu, image paternelle sécurisante 95

12. Le réveil de la foi avec l'âge
L'adulte pensait l'avoir oubliée, elle revient chez l'âgé 103

13. L'attachement au Dieu punisseur
On aime celui qui nous punit pour notre bien 113

**14. Quand l'interdit est une structure affective,
la punition est sécurisante**
C'est rassurant d'être cadré, de respecter les limites 119

**15. L'énoncé de la loi circuite le cerveau,
les tabous alimentaires solidarisent le groupe**
*Quand on se sent moral,
le circuit limbique des émotions s'apaise* 127

16. On rencontre Dieu comme on a appris à aimer
*Les habitudes affectives s'imprègnent
dans la mémoire biologique* 137

17. Valeur morale de la souffrance et de la culpabilité
*La douleur physique est supportable
dans l'univers de la faute* 145

18. L'élaboration mentale modifie le cerveau
*L'effort intellectuel entraîne le fonctionnement cérébral
et le fortifie* 151

19. Incertitudes culturelles et extrémisme religieux
*C'est dans la brume culturelle
qu'apparaissent les gourous*.. 155

20. La spiritualité ne tombe pas du ciel
Elle s'enracine dans le corps et dans la culture..................... 167

21. Dieu est mort, vive Dieu
Les sans-dieu ont des croyances transcendantes..................... 175

22. Vivre et aimer dans un monde sans dieu
La transcendance laïque accepte la critique 189

23. Amour révolutionnaire et attachement conservateur
*L'amour arrache hors du groupe
alors que l'attachement intègre les traditions*....................... 201

24. Mondialisation et recherche de Dieu
*La surpopulation déstructure le groupe
qui se sécurise en retrouvant Dieu*... 209

25. Religion, amour et haine de la musique
*La musique synchronise les émotions
pour le meilleur et pour le pire*.. 217

26. Croyances et fausses croyances
Attribuer à l'autre une erreur de jugement............................ 229

27. Le sexe et les dieux
Fonction sacrée et sociale de la sexualité................................ 245

28. À l'aube de la spiritualité
Au cours de l'humanisation 269

29. Les migrations de Dieu
*Tout homme émigre mieux
quand il est protégé par Dieu*... 275

30. Dilution de Dieu en Occident
Quand l'État-nounou protège à la place de Dieu 285

31. Dénouement
Quelques réponses momentanées.. 289

Conclusion. La voie de Dieu
Quelques recettes pour accéder à Dieu.................................. 299
Épilogue
Dieu souffre quand le Mal existe. Il nous aide quand on a besoin de Lui. Mais quand on veut imposer notre croyance à ceux qui aiment un autre Dieu, notre morale devient perverse et fait souffrir tout le monde. Voilà ce que j'aurais dû répondre aux enfants-soldats qui, après l'horreur, ne se sentaient bien qu'à l'église 309

DU MÊME AUTEUR
CHEZ ODILE JACOB

La Folle histoire des idées folles en psychiatrie (dir. avec Patrick Lemoine), 2016.
Ivres paradis, bonheurs héroïques, 2016.
Les Âmes blessées, 2014.
Résilience et personnes âgées (dir. avec Louis Ploton), 2014.
Résilience. De la recherche à la pratique (dir. avec Marie Anaut), 2014.
Sauve-toi, la vie t'appelle, 2012.
Résilience. Connaissances de base (dir. avec Gérard Jorland), 2012.
Quand un enfant se donne « la mort ». Attachement et sociétés, 2011.
Famille et résilience (dir. avec Michel Delage), 2010.
Mourir de dire. La honte, 2010.
Je me souviens..., « Poches Odile Jacob », 2010.
Autobiographie d'un épouvantail, 2008.
École et résilience (dir. avec Jean-Pierre Pourtois), 2006.
Psychanalyse et résilience (dir. avec Philippe Duval), 2006.
De chair et d'âme, 2006.
Parler d'amour au bord du gouffre, 2004.
Le Murmure des fantômes, 2003.
Les Vilains Petits Canards, 2001.
Un merveilleux malheur, 1999.
L'Ensorcellement du monde, 1997.
De l'inceste (avec Françoise Héritier et Aldo Naouri), 1994.
Les Nourritures affectives, 1993.

Composition et mise en pages
Nord Compo à Villeneuve-d'Ascq

CET OUVRAGE
A ÉTÉ ACHEVÉ D'IMPRIMER
SUR ROTO-PAGE
PAR L'IMPRIMERIE FLOCH À MAYENNE
EN SEPTEMBRE 2017

N° d'impression : 91486
N° d'édition : 7381-3887-X
Dépôt légal : septembre 2017
Imprimé en France